열린 한국어

入门

中文版

한글을 배워요!

学习韩文吧!

김 윤 진
한양대학교 교육대학원 외국인을 위한 한국어교육 석사
한국국제교류재단 문화센터 한국어교실 교사
현) 한양대학교 국제교육원 교육원 교수

천 성 옥
이화여자대학교 국제대학원 한국학과 한국어교육 석사
한글학회 외국인 한국어교원 연수 프로그램 한국문화 초청 강사
국립한경대학교 국제어학원 한국어 강사
현) 인덕대학교 국제어학원 한국어 강사
현) 한국국제교류재단 문화센터 한국어교실 팀장
저서 '셰프한국어'(중국판 출판)
　　　한국어능력시험(TOPIK) 대비서
　　　'한 번에 패스하기' 공동 집필(중국·일본판 출판)

1판 1쇄 2012년 8월 21일
1판 4쇄 2025년 4월 10일

글쓴이 한국어교육열린연구회

펴낸이 박영호
기획팀 송인성, 김선명
편집팀 박우진, 김영주, 김정아, 최미라, 전혜련, 박미나
관리팀 임선희, 정철호, 김성언, 권주련

펴낸곳 (주)도서출판 하우
주소 서울시 중랑구 망우로68길 48
전화 (02)922-7090
팩스 (02)922-7092
홈페이지 http://www.hawoo.co.kr
e-mail hawoo@hawoo.co.kr
등록번호 제2016-000017호

값 10,000원
ISBN 978-89-7699-901-6
ISBN 978-89-7699-899-6 (set)

소개
介绍

한글을 창제한 세종대왕과 한글의 창제 원리를 재미있는 삽화로 알기 쉽게 설명하였습니다.

用有趣的图片描述韩文的创制和世宗大王的故事。

단원 1-4
单元 1-4

重点

각 단원에서 학습할 한글 자모의 획순과 발음, 음절 구성을 제시합니다.

解析各单元学习的韩文字母的书写和发音、音节组成。

练习/活动

획순에 맞게 쓰기, 읽기, 듣고 답 고르기, 듣고 쓰기 등 다양한 형태의 연습문제와 활동을 통해 한글을 익히게 됩니다.

笔顺的正确书写方法、读法、通过录音选择正确的选项、和听写等多样的练习活动来了解韩语。

自测/复习

해당 단원의 학습 내용에 대해 스스로 점검해 보는 항목과 새 단원 학습 전 복습 문제를 제공합니다.

本单元学习内容注重自我检测项目，以及学习新单元前的复习题。

부록
附录

한글 자모를 익힌 후 본격적인 한국어 학습에 앞서 여러 가지 활동을 통해 주제별 어휘를 접할 수 있습니다.

熟悉韩语字母后通过各种活动主题的语法练习学习正规的韩语。

차례
目录

한글(the Korean Alphabet)은 조선왕조 제4대 임금인 세종대왕이 1443년에 창제하여 1446년에 반포하였습니다.

韩文是由朝鲜王族第四代继承人世宗大王于1443年创造，1446年颁布的。

한글 창제 이전에는 중국 한자의 뜻과 음을 사용하여 한국어를 나타냈는데 한자를 모르는 일반 백성들은 자신의 생각을 글로 표현할 수 없었습니다. 그래서 세종대왕은 백성들이 널리 사용할 수 있도록 쉬운 문자를 만들었습니다.

在创造韩文之前，韩国使用的是中国汉字的发音和语意。但是汉字的书写对于普通的百姓太难，使得他们没法用汉字表达自己的想法。于是世宗大王为了广大的百姓都能使用文字，发明了容易书写的韩文。

　　현재의 한글은 모음자 10개, 자음자 14개로 이루어져 있으며 이것을 사용하여 19개의 자음과 21개의 모음을 쓰고 읽을 수 있습니다.

　　现代韩语由10个基础母音字母和14个基础子音字母组成，通过这些组合可以表达和阅读19个子音和21个母音。

　　모음자는 하늘, 땅, 사람을 형상화한 3개의 기본자 '· ― ㅣ'를 바탕으로 그것을 조합하여 'ㅏ ㅓ ㅗ ㅜ' 4개의 글자가 만들어졌습니다. 그리고 다시 'ㅑ ㅕ ㅛ ㅠ'의 이중모음자가 만들어졌습니다. 나머지 모음도 이들 글자를 조합하여 표현할 수 있습니다.

　　母音字母是基于象征天、地、人的3个基本符号"·―丨"而创造的。通过组合这些基本符号，形成了"ㅏ ㅓ ㅗ ㅜ"4个字母。进一步组合又创造了双元音字母"ㅑ ㅕ ㅛ ㅠ"。其余的母音也可以通过组合这些字母来表达。

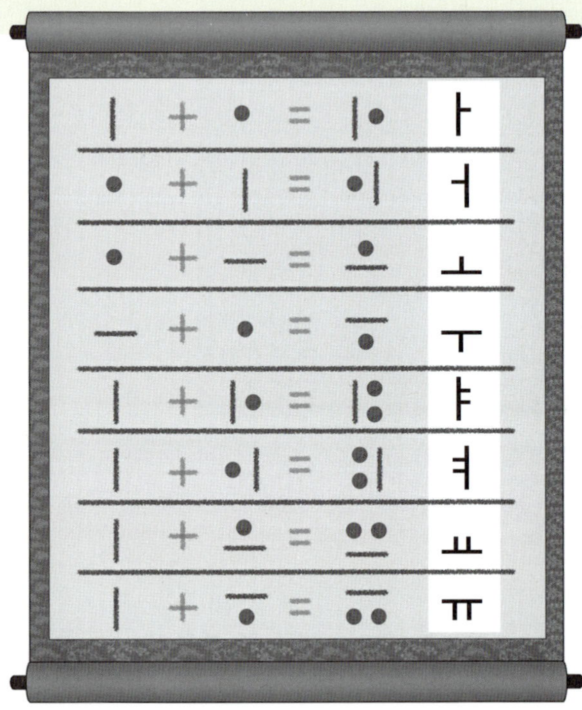

　　자음자는 발음할 때의 입술과 혀, 목구멍의 모양을 상형하여 만들었으며 'ㄱ ㄴ ㅁ ㅅ ㅇ'의 기본자에 획을 더하거나 이렇게 만든 글자를 같이 써서 자음을 표현합니다. 아래의 19자는 오늘날 사용하고 있는 글자입니다.

　　子音字母在发音的时候，需要借助嘴唇、舌头以及喉咙，来发出"ㄱ ㄴ ㅁ ㅅ ㅇ"这些基本子音，并在这些基本子音的基础上添加笔画组成其他子音。以下19个子音就是现今使用的韩文字母。

| 기본자
基本字母 | ㄱ | ㄴ | ㅁ | ㅅ | ㅇ |

| 획을 더한 글자
增加笔画的字母 | *ㆁ | ㄷ
*ㄹ | ㅂ | ㅈ | |

| 기본자에 획을 추가하여 격음을 표현
基本字母增加笔画后的强发音 | ㅋ | ㅌ | ㅍ | ㅊ | ㅎ |

| 같은 글자를 두 번 써서 경음을 표현
基本字母的双重写法 | ㄲ | ㄸ | ㅃ | ㅆ
ㅉ | |

*한글 창제 당시 쓰이던 다른 글자 대신 현재는 'ㅇ'을 받침으로 사용합니다. 'ㄹ'은 획을 더했으나 예외적인 모양입니다.

　　在韩文创制时使用的其他字母，现在已改用"ㅇ"作为收音。"ㄹ"虽然增加了笔画，但其形状是例外的。

모음은 밝고 가벼운 느낌의 양성모음(ㅏ, ㅗ, ㅐ, ㅘ 등)과 무겁고 어두운 느낌의 음성모음(ㅓ, ㅜ, ㅔ, ㅝ 등)으로 나눌 수 있으며 양성모음은 양성모음끼리, 음성모음은 음성모음끼리 어울리는 현상을 모음조화라고 합니다. 모음조화는 의성어나 의태어에서 두드러지며 동사와 형용사가 어미와 결합할 때도 적용됩니다.

母音可以分成发音较轻的阳性母音（ㅏ, ㅗ, ㅐ, ㅘ等）和发音较重的阴性母音（ㅓ, ㅜ, ㅔ, ㅝ等），它们相互之间可以拼在一起形成不同的母音组合。母音组合可以用在拟声词、拟态词，尤其是动词和形容词词尾组合中。

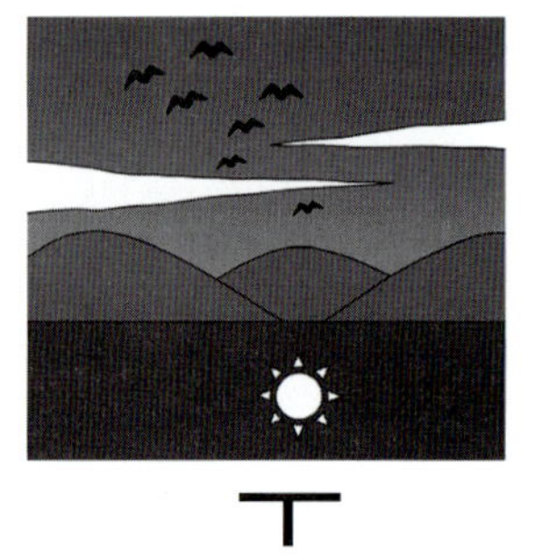

‘ㅏ’와 ‘ㅗ’는 해가 동쪽에서 지평선 위로 떠오르는 모습처럼 밝은 느낌을 줍니다. 한편 ‘ㅓ’와 ‘ㅜ’는 해가 서쪽에서 지평선 아래로 지는 모습처럼 어두운 느낌을 줍니다. 이들 모음자를 합하여 이중모음자를 만들 경우에도 ‘ㅏ’는 ‘ㅗ’와, ‘ㅓ’는 ‘ㅜ’와 어울려 ‘ㅘ, ㅝ’를 이루며 ‘ㅗㅓ’, ‘ㅜㅏ’는 존재하지 않습니다.

“ㅏ”和“ㅗ”象征太阳从东方升起越过地平线的景象，给人明亮的感觉。而“ㅓ”和“ㅜ”则象征太阳落到地平线以下的景象，给人黑暗的感觉。当将这些母音结合成双元音时，“ㅏ”与“ㅗ”搭配，“ㅓ”与“ㅜ”搭配，形成“ㅘ, ㅝ”，而“ㅗㅓ”、“ㅜㅏ”这样的组合是不存在的。

重点

母音1	ㅏ ㅓ ㅗ ㅜ ㅡ ㅣ ㅐ ㅔ
韩文&音节结构1	母音

■ 모음자 1 母音1

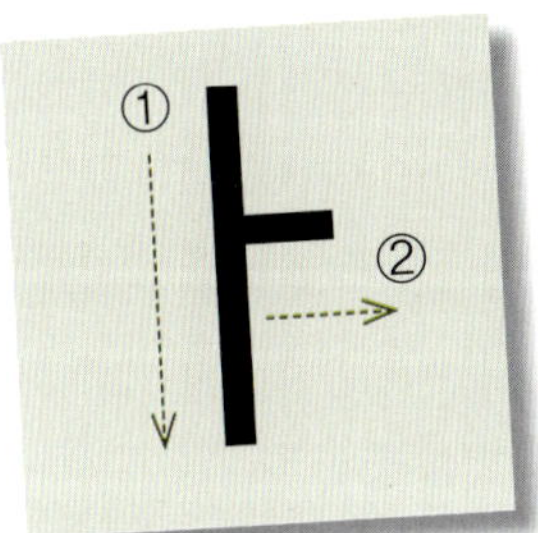
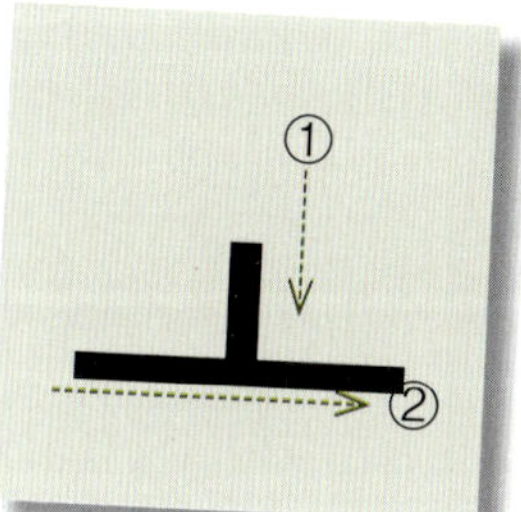

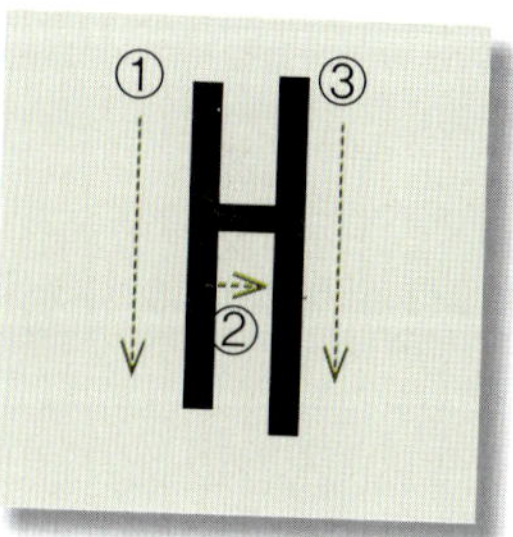

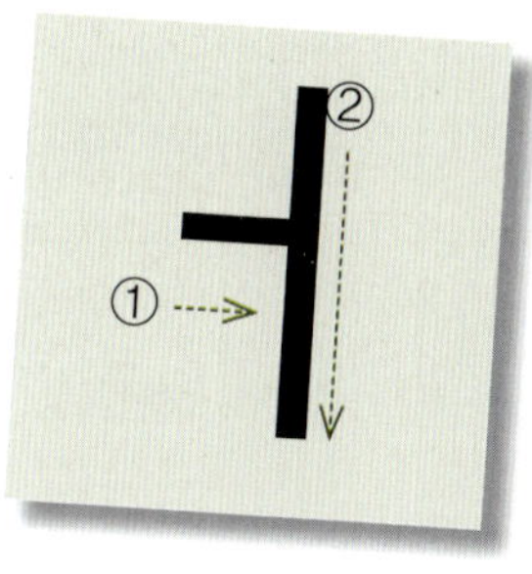
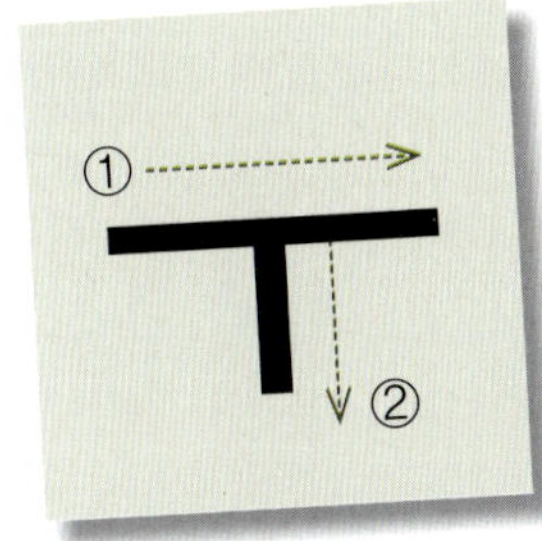
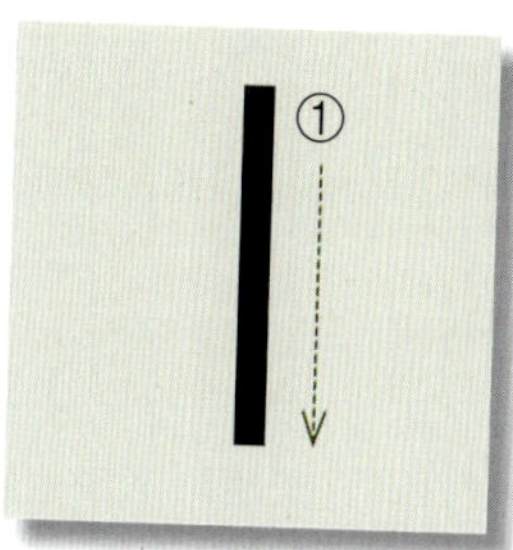
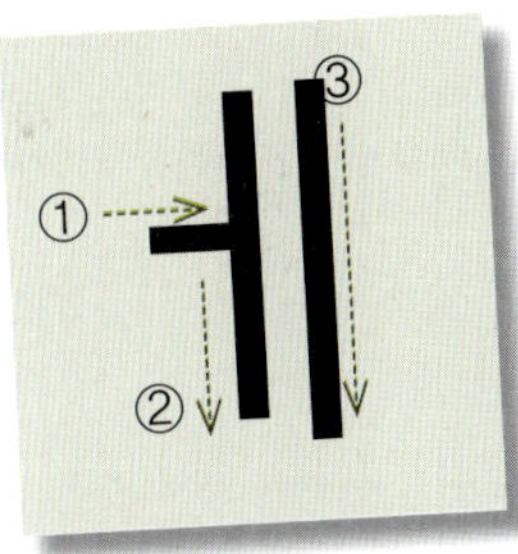

母音

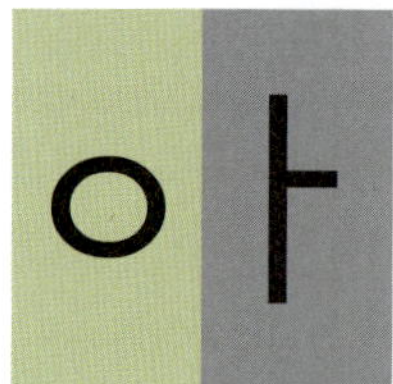

■ 모음자를 쓰세요. 请临摹下列母音。

ㅏ	[a]	아	ㅇ	이	아
ㅓ	[eo]	어	ㅇ	ㅇ-	어
ㅗ	[o]	오	ㅇ	ㅇ	오
ㅜ	[u]	우	ㅇ	으	우
ㅡ	[eu]	으	ㅇ	으	
ㅣ	[i]	이	ㅇ	이	
ㅐ	[ae] *[e]	애	ㅇ	이	아	애
ㅔ	[e]	에	ㅇ	ㅇ-	어	에

*각 글자의 이름과 발음은 같습니다. 每个字的名字和读音相同。

*'ㅐ'와 'ㅔ'의 발음은 같지 않지만 현재에는 거의 같게 발음됩니다.
"ㅐ" 和 "ㅔ" 的读音虽然不同, 但现在在使用中基本按照相同发音处理。

발음할 때 입 모양과 혀의 위치를 확인하세요.

发音时请注意口型和舌头的位置。

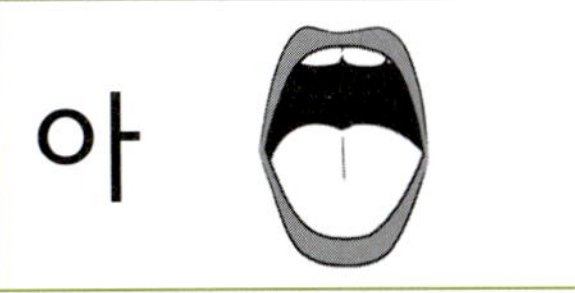

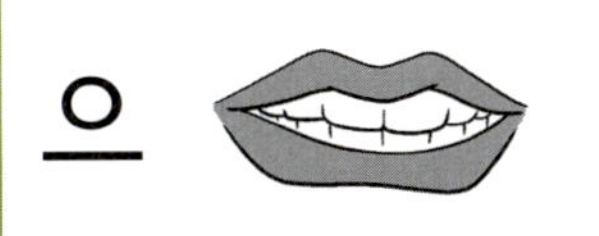

'으'를 발음할 때와 입 모양은 같지만 혀는 앞니 뒤에 위치합니다.

发 "으" 的音时, 嘴唇的模样相同, 但是舌头需放在门牙之后。

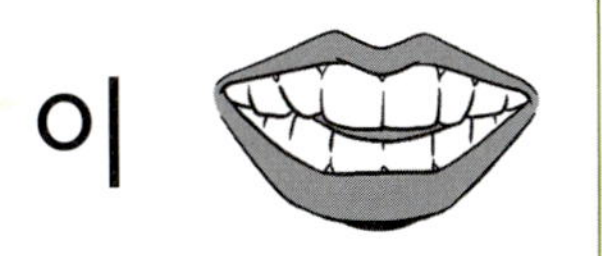

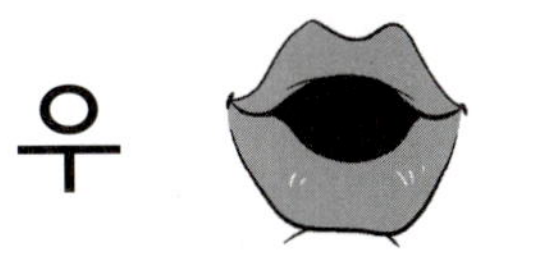

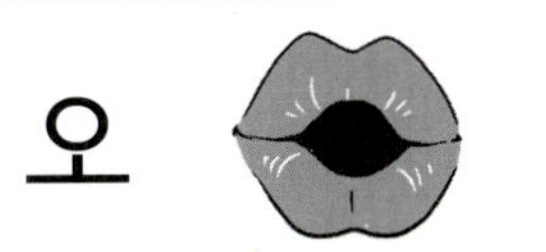

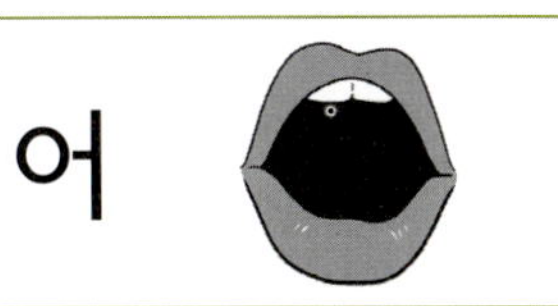

'우'를 발음할 때처럼 입술을 동그랗게 하지만 입은 좀 더 크게 벌립니다.

和发 "우" 的音时, 嘴唇聚拢呈圆形但是要稍微张开。

练习1   듣고 맞는 것을 고르세요.    Track 01

听录音, 选出相应的发音。

(1) ① 아   ② 어   (2) ① 으   ② 이

(3) ① 어   ② 오   (4) ① 오   ② 우

(5) ① 어   ② 우   (6) ① 애   ② 이

练习2   듣고 음절을 쓰세요.    Track 02

听录音, 写出相应的母音。

(1) 애 ⋯ ☐ ⋯ ☐

(2) ☐ ⋯ ☐ ⋯ ☐

(3) ☐ ⋯ ☐ ⋯ ☐

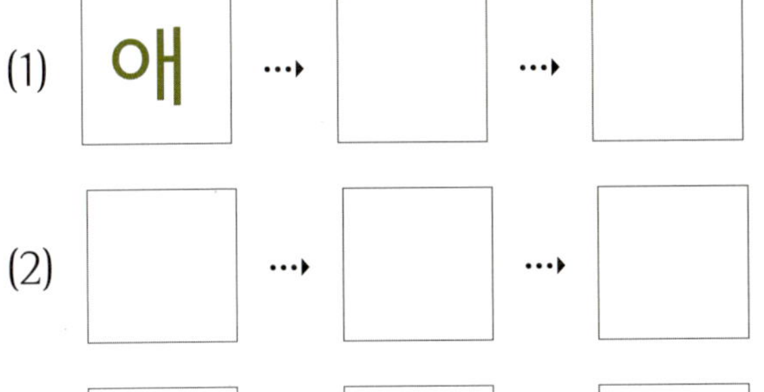
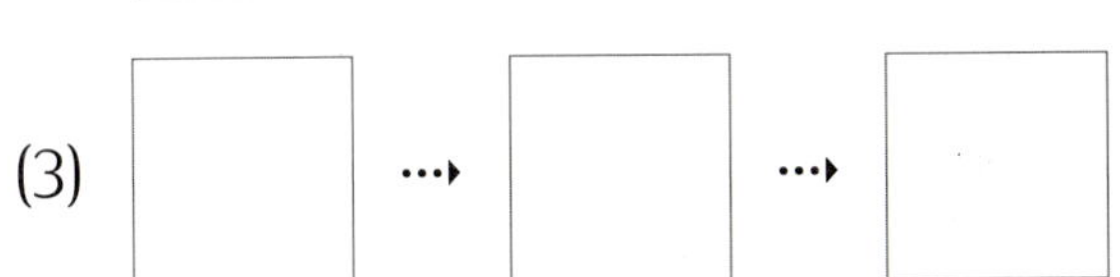

'에' 아니면 '애'? 무엇일까요? 외국인들은 이들 모음을 구별하는 데 어려움을 느끼며 한국인조차도 때때로 어려워합니다. 그때에는 '에'는 '어', '이', '애'는 '아', '이'로 풀어서 설명합니다.

"에" 和 "애" 到底怎样区分呢? 外国人在听到这两个字的时候通常会难以分辨。其实即使是韩国人, 在说起这两个字的时候, 也要说 "에" 是 "어 이", 而 "애" 是 "아 이"。

 듣고 글자를 연결하세요. Track 03
听录音，连接下列字。

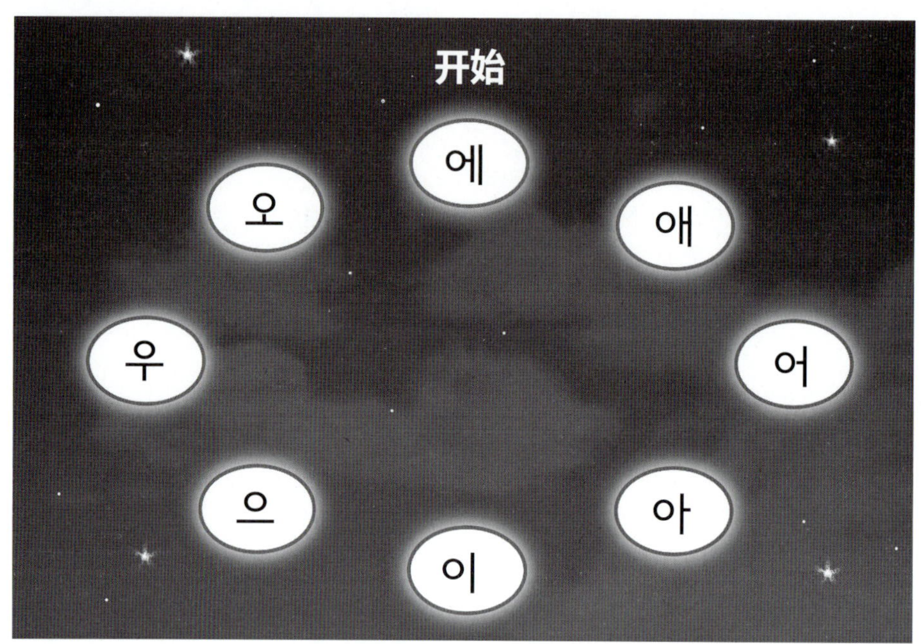

活动1 다음 글자들을 읽어 보세요. 빨리 정확히 읽는 팀이 이겨요.
请朗读下列字。比比看哪一组读的又快又准。

(1) 이 에 애 이 에 애 (2) 으 어 아 우 오

(3) 으 우 오 우 오 (4) 오 우 으 이

	이		이
2			
5	오		오이
	아이	A	에이

练习4 듣고 맞는 것을 고르세요. Track 04
听录音，选出正确的选项。

(1) ① 아이 ② 어이   (2) ① 우아 ② 오아

(3) ① 으이 ② 오이   (4) ① 우어 ② 우애

(5) ① 에이 ② 이에   (6) ① 우오 ② 오우

(7) ① 이오 ② 으우   (8) ① 어아 ② 오어

 듣고 <보기>와 같이 표시하세요. 
听录音，根据示例的方法标记读音。

<보기>

아	이
어	으

(1)

아	어
우	오

(2)

에	으
아	이

(3)

이	으
어	우

(4)

어	우
아	애

(5)

오	어
이	으

练习6 듣고 글자를 쓰세요. 
听录音并写出相应的字。

(1)

(2)

(3)

(4)

(5)

(6)

카드의 글자를 읽고 친구에게 귓속말로 전달하세요.
마지막 사람이 칠판에 글자를 쓰세요.

请默读卡片上的字，用悄悄话传达给下一个朋友。由最后一个人在黑板上写出相应的字。

自测

(1) 나는 'ㅇ'과 함께 모음자 'ㅏ ㅓ ㅗ ㅜ ㅡ ㅣ ㅐ ㅔ'를 순서에 맞게 쓸 수 있습니다.

我可以将 "ㅇ" 和 "ㅏ ㅓ ㅗ ㅜ ㅡ ㅣ ㅐ ㅔ" 这些母音字母按顺序组合书写。

不是 | | | | | 是

(2) 나는 'ㅓ', 'ㅗ', 'ㅜ', 'ㅡ'의 차이를 인식하고 정확하게 발음할 수 있습니다.

我可以分辨出 "ㅓ ㅗ ㅜ ㅡ" 这些读音的差异，并且正确读出。

不是 | | | | | 是

(3) 나는 'ㅏ ㅓ ㅗ ㅜ ㅡ ㅣ ㅐ ㅔ'가 포함된 글자를 읽을 수 있습니다.

我能读出含有 "ㅏ ㅓ ㅗ ㅜ ㅡ ㅣ ㅐ ㅔ" 的字。

不是 | | | | | 是

1. 듣고 따라 읽으세요. 听录音并跟随录音朗读。 

아 어 이 애 에

오 우 으

오이   아이   에이

2. 듣고 맞는 것을 고르세요. 听录音，选出正确的选项。 

(1) ① 아　　② 이　　　　　(2) ① 어　　② 우

(3) ① 오　　② 우　　　　　(4) ① 으　　② 어

(5) ① 에이　② 어이　　　　(6) ① 우애　② 으애

(7) ① 오우　② 우오　　　　(8) ① 으이　② 이으

3. 듣고 글자를 쓰세요. 听录音，写出正确的字。 

(1) 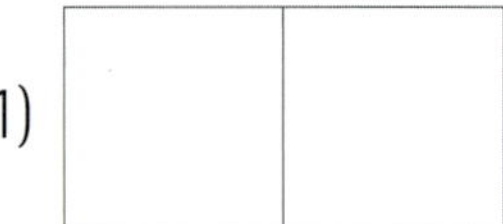

(2) 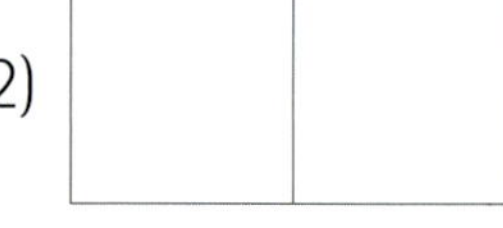

(3) 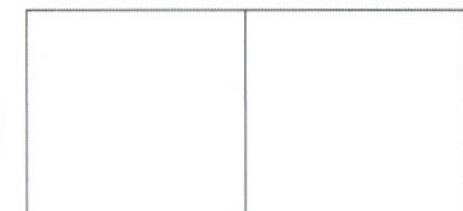

(4)

자음자 1
子音1

重点

子音1	ㄱ ㄴ ㄷ ㄹ ㅁ ㅂ ㅅ ㅈ
韩文&音节结构	子音 + 母音

■ 자음자 1 子音1

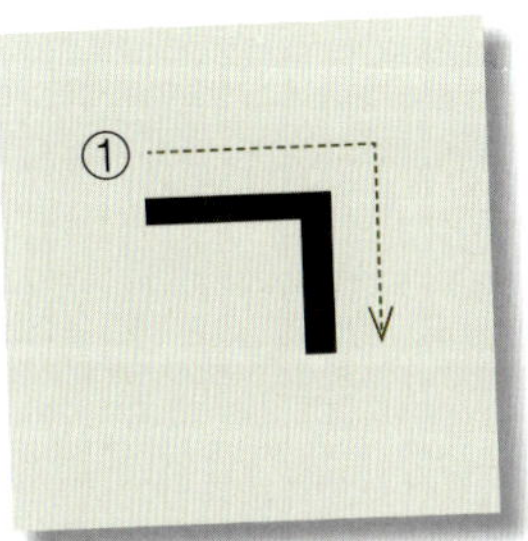
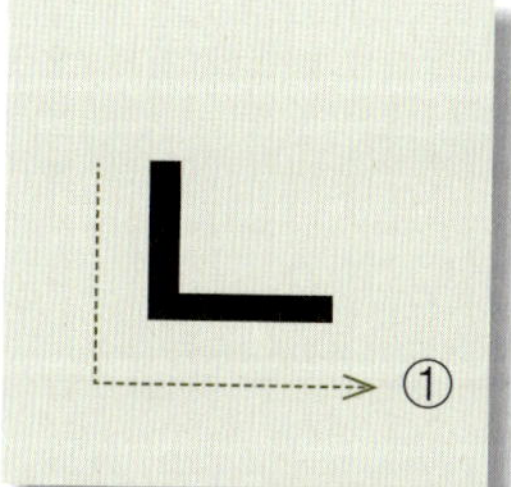
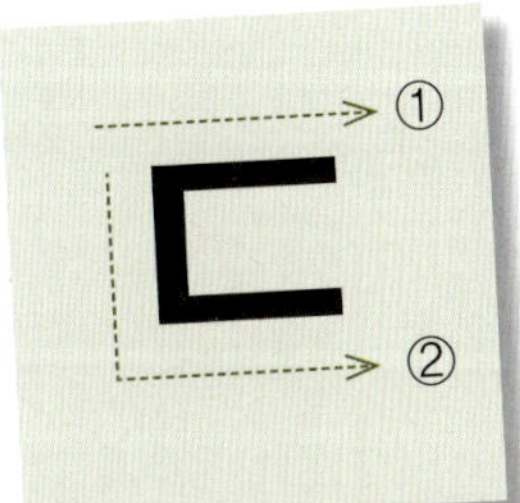
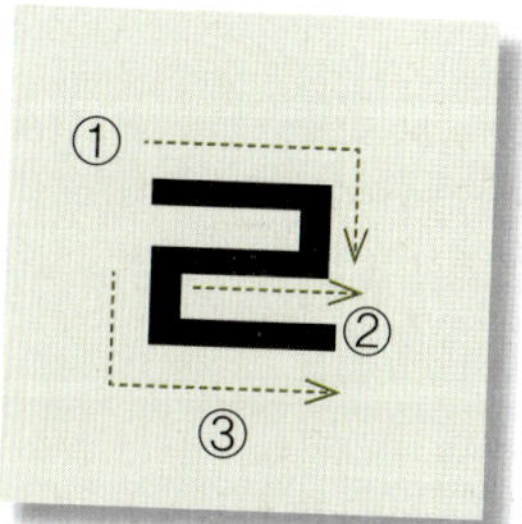

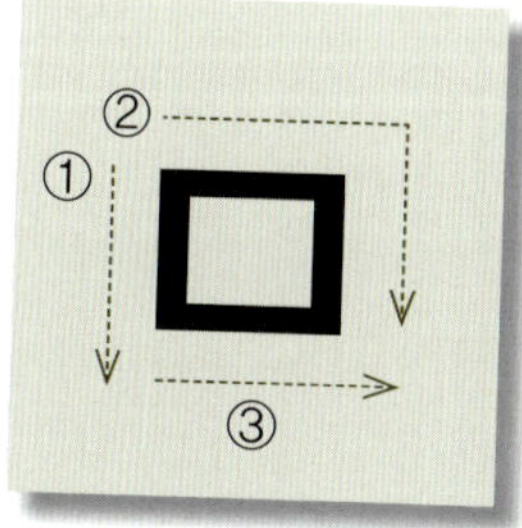
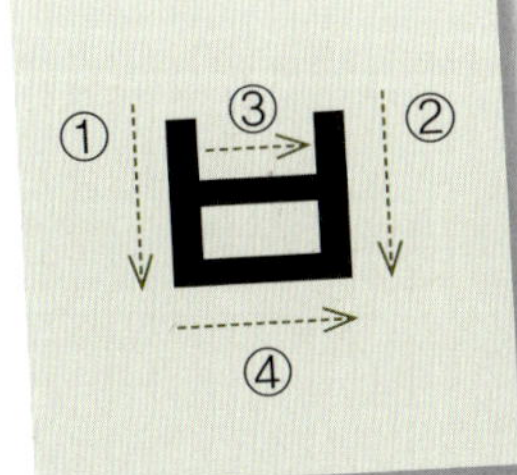
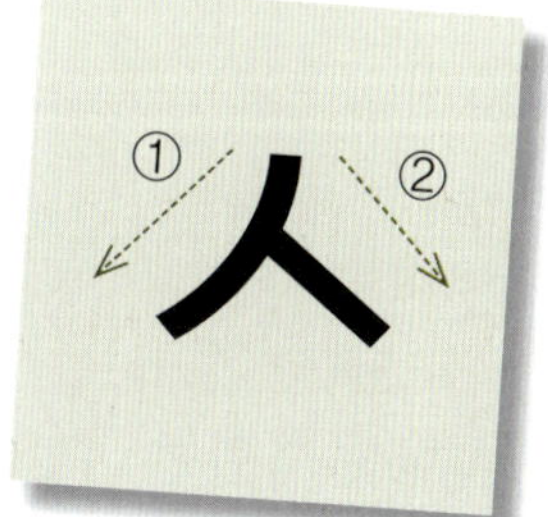
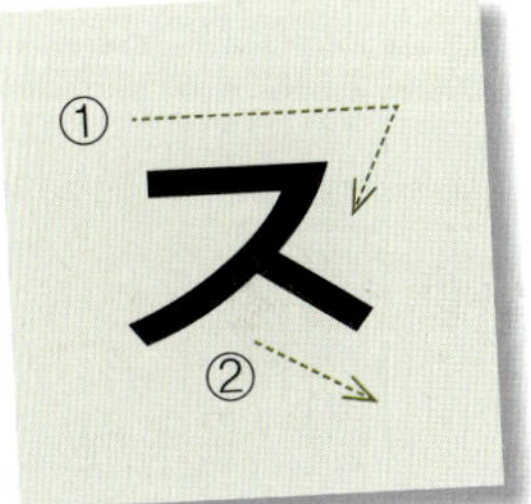

1. 각 자음자의 모양은 자음을 발음할 때의 입술이나 혀의 모양을 나타낸 것입니다.

   每个子音字母都是根据嘴唇和舌头的位置不同来发音的。

   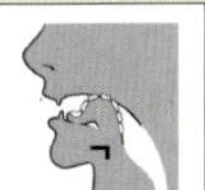 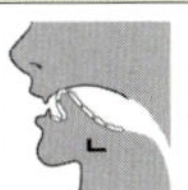  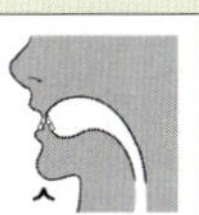

2. 'ㄴ'과 'ㄷ', 'ㅁ'과 'ㅂ'은 같은 위치에서 발음되기 때문에 글자의 모양이 비슷합니다. 그렇지만 'ㄴ'과 'ㅁ'은 비음입니다.

   由于"ㄴ"和"ㄷ"，"ㅁ"和"ㅂ"的发音位置相同，所以书写方法也相似。但"ㄴ"和"ㅁ"则是鼻音。

■ **자음자를 쓰세요.** 请临摹下列子音。

ㄱ	[g]	ㄱ				
ㄴ	[n]	ㄴ				
ㄷ	[d]	ㅡ	ㄷ			
ㄹ	[r]	ㄱ	ㄹ	ㄹ		
ㅁ	[m]	ㅣ	ㄱ	ㅁ		
ㅂ	[b]	ㅣ	ㅐ	ㅐ	ㅂ	
ㅅ	[s/sh]	ノ	ㅅ			
ㅈ	[j]	ㄱ	ㅈ			

*자음은 홀로 발음되지 못하며 별도의 이름이 있습니다.

子音是不能单独发音的, 它们都有各自的名字。

*'ㄱ, ㄷ, ㅂ, ㅈ'이 음절의 첫소리일 때는 부드러운(약한) [k, t, p, ch]와 비슷하게 발음됩니다.

当 "ㄱ, ㄷ, ㅂ, ㅈ" 是第一个音节时, 发轻声发音和 "k, t, p, ch" 类似。

*'ㄹ'의 발음은 [r]과 비슷하지만 혀가 입천장을 살짝 건드립니다.

"ㄹ" 和 "r" 发音类似, 但发音时舌头要稍微卷起来。

■ 한글과 음절 구조 2 - 자음 + 모음
韩文和音节结构2 – 子音 + 母音

■ <보기>와 같이 자음자와 모음자를 함께 쓰세요.
按照<示例>将下列子音和母音组合书写。

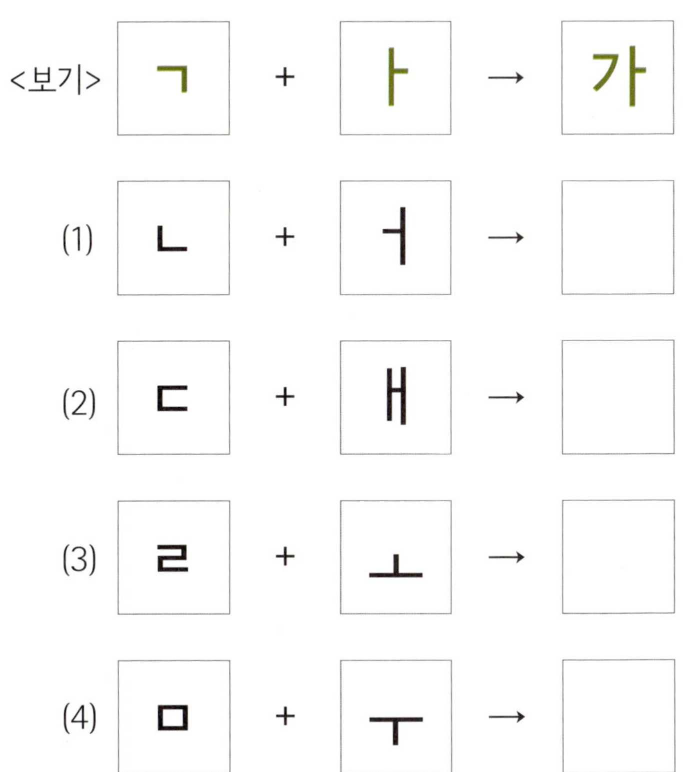

1. 자음자는 'ㅏ ㅓ ㅣ ㅐ ㅔ'와 같은 수직적인 모음자의 왼쪽에 위치합니다.

   当子音字母和"ㅏ ㅓ ㅣ ㅐ ㅔ"等呈垂直形状的母音字母一起书写时, 子音位于母音字母的左边。

2. 자음자는 'ㅗ ㅜ ㅡ'와 같은 수평적인 모음자의 위쪽에 위치합니다.

   当子音字母和"ㅗ ㅜ ㅡ"等呈水平形状的母音字母一起书写时, 子音位于母音字母的上面。

	ㅏ	ㅓ	ㅗ	ㅜ	ㅡ	ㅣ	ㅐ	ㅔ
ㄱ	가			구				
ㄴ		너						
ㄷ			도					
ㄹ				루				
ㅁ					므			
ㅂ						비		
ㅅ							새	
ㅇ								에
ㅈ								제

'ㄱ' 모양에 주의하세요. 수직적인 모음자와 쓸 경우 약간 휜 모양이지만 수평적인 모음자와 쓸 경우에는 직선입니다.

请注意 "ㄱ" 的书写。在单独书写的时候呈直角，但是当它和其他呈水平形状的母音字母组合在一起时，书写时需要稍微倾斜。当它和呈垂直形状的母音字母组合在一起时，书写时要写成直角。

ㄱ + ㅏ → 가   ㄱ + ㅜ → 구

 듣고 맞는 것을 고르세요.  Track 10
听录音, 选出正确的选项。

(1) ① 나　② 너　　(2) ① 무　② 모

(3) ① 부　② 버　　(4) ① 사　② 시

(5) ① 고　② 노　　(6) ① 대　② 래

(7) ① 무　② 부　　(8) ① 시　② 지

練習2 듣고 맞는 자음자를 골라 쓰세요.  Track 11
听录音, 选出正确的子音并填空。

(1) ㅏ　(ㄱ, ㄴ)　　(2) ㅗ　(ㅅ, ㅈ)

(3) ㅐ　(ㄴ, ㄷ)　　(4) ㅓ　(ㄷ, ㄹ)

(5) ㅜ　(ㅁ, ㅂ)　　(6) ㅣ　(ㅅ, ㄱ)

練習3 듣고 음절을 쓰세요.  Track 12
听录音, 写出相应的音节。

(1) □ → □ → □ → □

(2) □ → □ → □ → □

(3) □ → □ → □ → □

	가게		구두
	개		모자
	다리		새
	비누		주스
	아버지		어머니

 듣고 맞는 것을 고르세요.  Track 13

听录音，选出正确的选项。

(1) ① 나 무 　② 가 무

(2) ① 시 도 　② 지 도

(3) ① 보 수 　② 고 수

(4) ① 도 로 　② 도 모

(5) ① 부 모 　② 부 도

练习5 듣고 글자를 완성하세요.  Track 14

听录音，完成下列字的书写。

(1) ㅣ ㅜ 　(2) ㅏ ㅓ ㅣ

(3) ㅏ ㅣ 　(4) ㅗ ㅜ ㅏ

(5) ㅔ ㅐ 　(6) ㅏ ㅓ ㅣ

(7) ㅓ ㅡ 　(8) ㅏ ㅣ ㅗ

(1) |　|　|

(2) |　|　|

(3) |　|　|

(4) |　|　|

(5) |　|　|

(6) |　|　|

活动1 듣고 맞는 것을 찾으세요.
听录音, 圈出正确的选项。

머	버	구	머	고	가
스	모	두	자	비	구
서	자	기	누	노	버
사	노	나	무	지	시
누	나	모	리	머	리

듣고 친구와 함께 글자를 만드세요. 听录音, 和朋友们一起组字。

自测

(1) 나는 자음자 'ㄱㄴㄷㄹㅁㅂㅅㅈ'을 순서에 맞게 쓸 수 있습니다.

我可以正确书写"ㄱㄴㄷㄹㅁㅂㅅㅈ"这些子音字母。

不是 | | | | | 是

(2) 나는 자음자 'ㄱㄴㄷㄹㅁㅂㅅㅈ'과 모음자 'ㅏㅓㅗㅜㅡㅣㅐㅔ'를 함께 위치에 맞게 쓸 수 있습니다.

我可以将"ㄱㄴㄷㄹㅁㅂㅅㅈ"这些子音字母与"ㅏㅓㅗㅜㅡㅣㅐㅔ"这些母音字母正确拼写。

不是 | | | | | 是

(3) 나는 자음자 'ㄱㄴㄷㄹㅁㅂㅅㅈ'이 포함된 글자를 읽을 수 있습니다.

我能读出含有子音"ㄱㄴㄷㄹㅁㅂㅅㅈ"的字。

不是 | | | | | 是

1. 듣고 따라 읽으세요. 听录音，朗读下列字。  Track 16

가	나	다	라	마	바	사	아	자
구	누	두	루	무	부	수	우	주
기	니	디	리	미	비	시	이	지
개	내	대	래	매	배	새	애	재

2. 듣고 맞는 것을 고르세요. 听录音，选出正确选项。  Track 17

(1) ① 구 ② 누 (2) ① 머 ② 버

(3) ① 새 ② 재 (4) ① 도 ② 로

(5) ① 너두 ② 너무 (6) ① 수기 ② 수비

(7) ① 부고 ② 두고 (8) ① 조리 ② 고리

3. 듣고 글자를 쓰세요. 听录音，写出相应的字。  Track 18

(1)

(2)

(3)

(4)

重点

复合母音1	ㅑ ㅕ ㅛ ㅠ ㅒ ㅖ
韩文和音节结构	母音, 子音 + 母音

■ 이중모음자 1 复合母音1

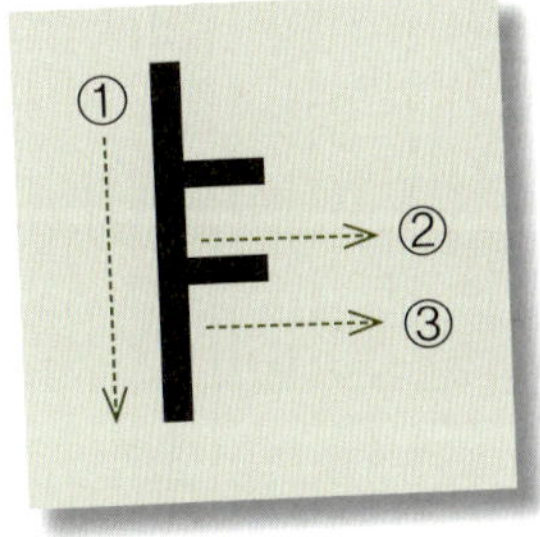 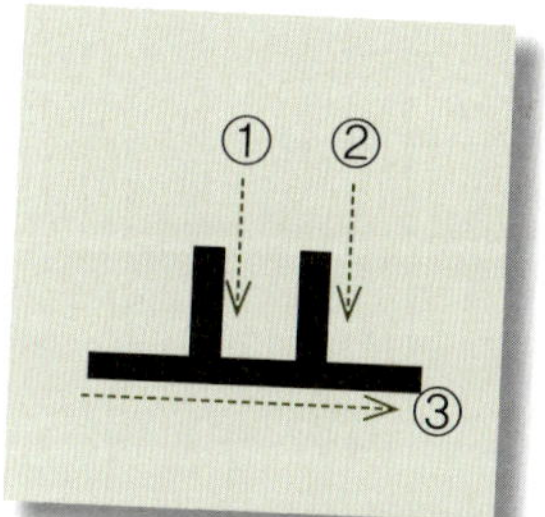 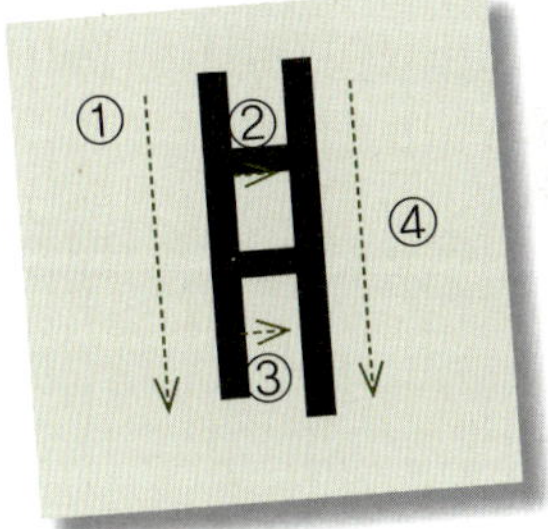

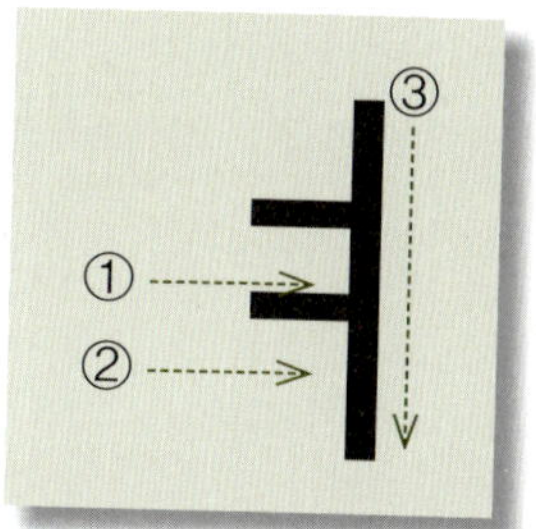 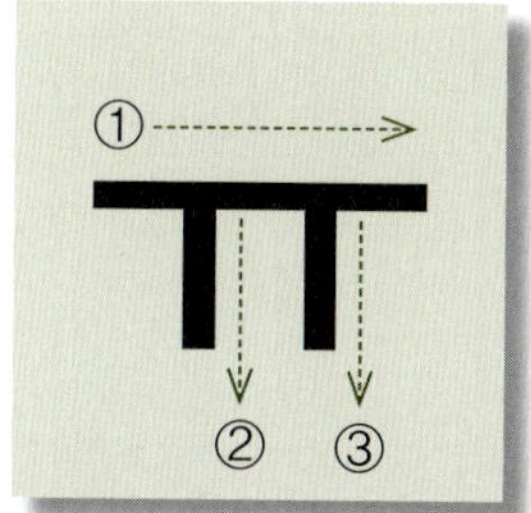 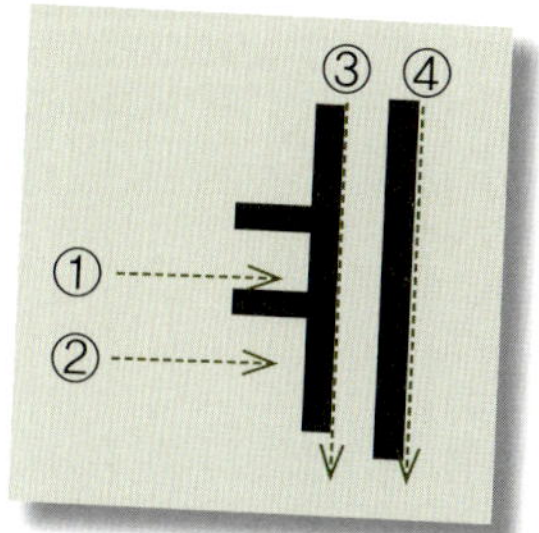

■ **모음자를 쓰세요.** 请书写下列母音。

ㅑ	[ya]	ㅣ	ㅏ	ㅑ		
ㅕ	[yeo]	ㅡ	ㅕ	ㅕ		
ㅛ	[yo]	ㅣ	ㅛ	ㅛ		
ㅠ	[yu]	ㅡ	ㅜ	ㅠ		
ㅒ	[yae] *[ye]	ㅣ	ㅏ	ㅑ	ㅒ	
ㅖ	[ye]	ㅡ	ㅕ	ㅕ	ㅖ	

*'ㅐ'와 'ㅔ'의 발음은 같지 않지만 현재에는 거의 같게 발음됩니다.
"ㅐ"和 "ㅔ"的读音虽然不同, 但现在在使用中基本按照相同发音处理。

■ **한글과 음절 구조 - 모음, 자음 + 모음**
韩文和音节组成 - 母音, 子音 + 母音

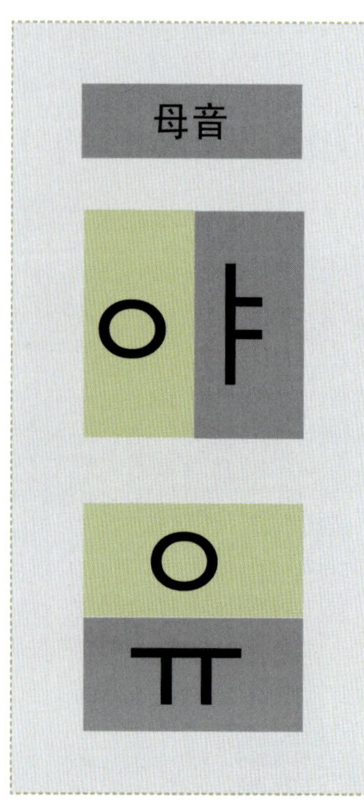

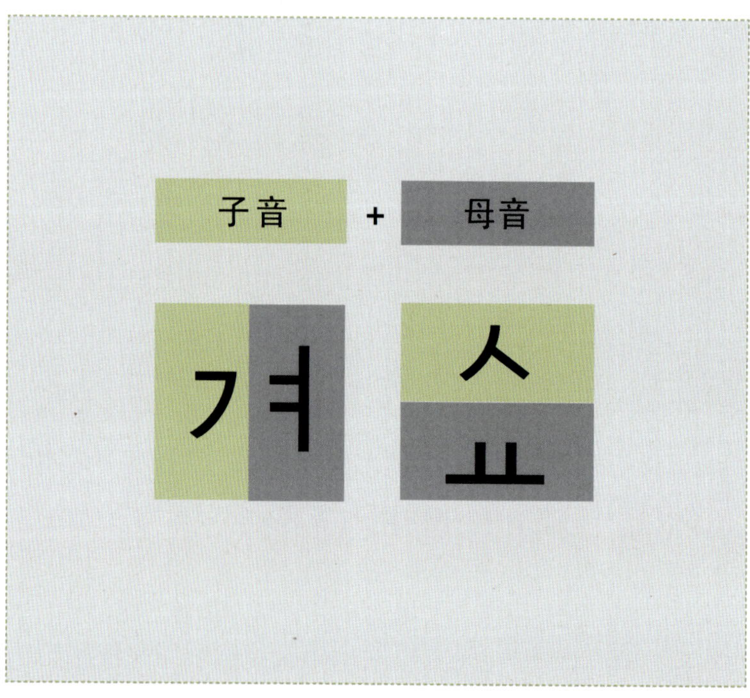

■ <보기>와 같이 자음자와 모음자를 함께 쓰세요.
依照<示例>将下列子音和母音组合书写。

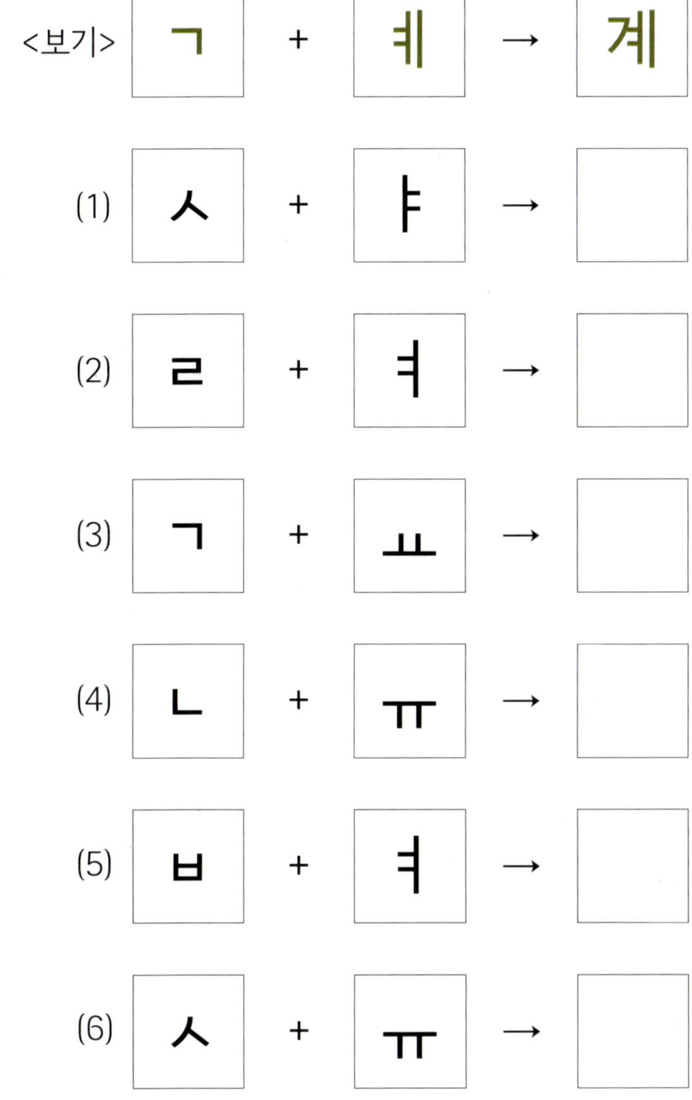

※ '쟈, 져, 죠, 쥬, 졔, 쟤'는 [자, 저, 조, 주, 제, 재]로 발음됩니다.
　"쟈, 져, 죠, 쥬, 졔, 쟤" 的发音和 "자, 저, 조, 주, 제, 재" 相同。

 듣고 맞는 것을 고르세요. 
听录音，选出正确的选项。

(1) ① 우   ② 유

(2) ① 애   ② 얘

(3) ① 야   ② 여

(4) ① 요   ② 유

(5) ① 려   ② 료

(6) ① 슈   ② 쇼

 듣고 맞는 모음자를 골라 쓰세요. 
听录音，选出正确的母音并填空。

(1) ㅁ (ㅓ, ㅕ)

(2) ㄱ (ㅗ, ㅛ)

(3) ㅇ (ㅑ, ㅐ)

(4) ㅅ (ㅕ, ㅑ)

(5) ㄹ (ㅛ, ㅠ)

(6) ㅁ (ㅕ, ㅛ)

 듣고 음절을 쓰세요. 
听录音，写出相应的子音。

(1) ☐ → ☐ → ☐ → ☐

(2) ☐ → ☐ → ☐ → ☐

(3) ☐ → ☐ → ☐ → ☐

	우유		여자
	요리	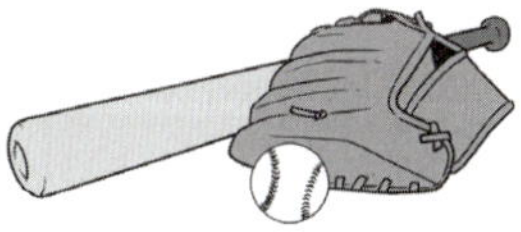	야구
	여우		시계
	교수		메뉴

듣고 <보기>와 같이 표시하세요. 
听录音，按照<示例>标示正确的选项。

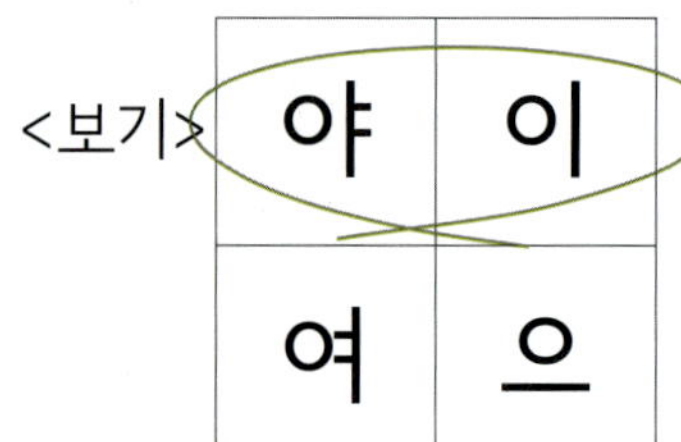

<보기>

야	이
여	으

(1)

여	유
야	우

(2)

우	요
유	오

(3)

오	예
우	에

(4)

아	야
어	여

(5)

요	여
야	유

练习5 듣고 글자를 완성하세요. 
听录音，完成下列字的书写。

(1)

ㅇ	ㅇ

(2)

ㅇ	ㅈ

(3)

ㅅ	ㄹ

(4)

ㄱ	ㅅ

(5)

ㅏ	ㅠ

(6)

ㅔ	ㅠ

(7)

ㅐ	ㅣ

(8)

ㅣ	ㅖ

练习6 듣고 글자를 쓰세요. Track 24

听录音，书写相应的单词。

(1)

(2)

(3)

(4)

(5)

活动1 듣고 맞는 것을 고르세요. Track 25

听录音，选出正确的选项。

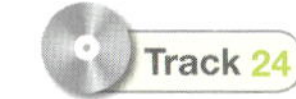

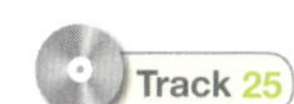

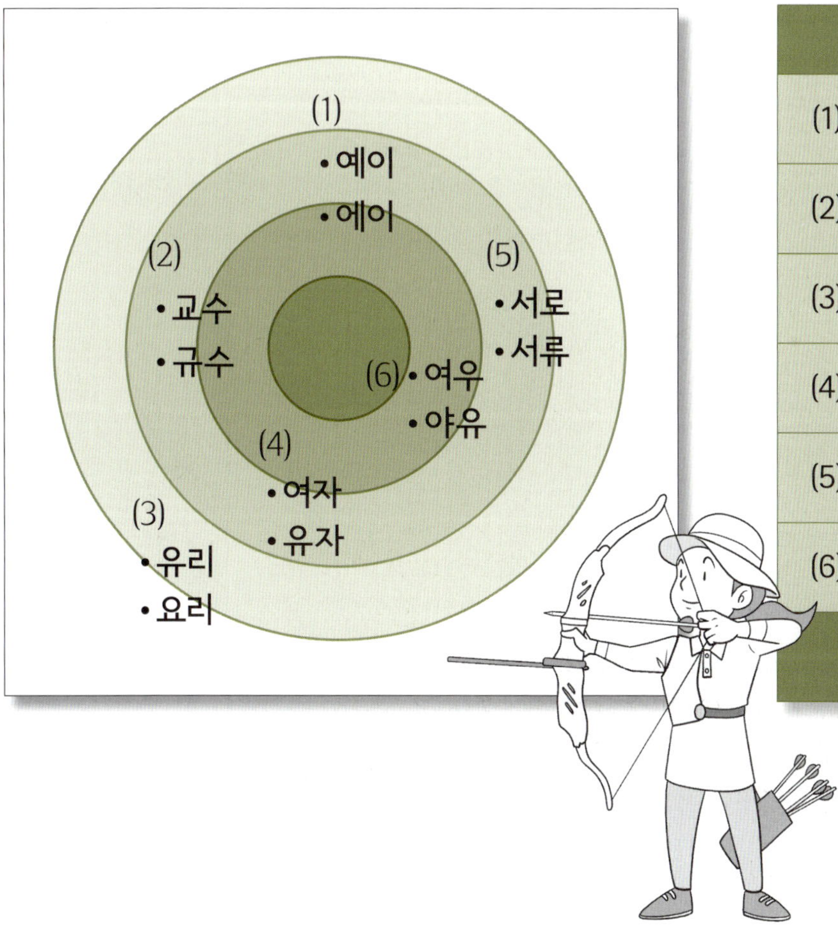

	得分	总分
(1)		7
(2)		8
(3)		7
(4)		9
(5)		8
(6)		10
总分		

(1) 아래의 단어를 빈칸에 자유롭게 쓰세요.
将下列单词随意填写到格子中。

(2) 친구가 단어를 읽으면 들은 단어에 표시하세요.
按照朋友的发音, 标示出相应的单词。

(3) 가로, 세로, 대각선으로 이어진 선 4개를 먼저 만들면 '빙고'를 외치세요.
在横、竖、对角线方向首先连接出4条线的人胜出。

이	오	오이	아이	에이	가게	구두	모자	개
다리	새	비누	주스	아버지	어머니	나무	지도	우유
여자	요리	야구	여우	시계	교수	메뉴		

(1) 나는 'ㅇ'과 함께 모음자 'ㅑ ㅕ ㅛ ㅠ ㅒ ㅖ'를 순서에 맞게 쓸 수 있습니다.

我可以将 "ㅇ" 和 "ㅑ ㅕ ㅛ ㅠ ㅒ ㅖ" 正确组合，按照笔画正确书写。

(2) 나는 'ㅕ', 'ㅛ', 'ㅠ'의 차이를 인식하고 정확하게 발음할 수 있습니다.

我可以区分 "ㅕ ㅛ ㅠ" 的读音差别。

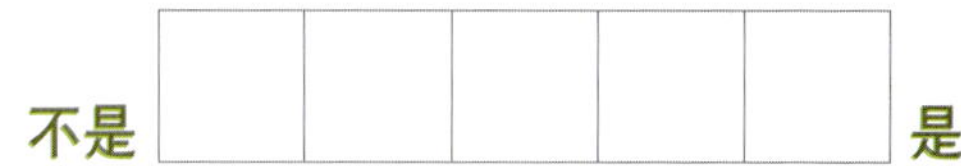

(3) 나는 자음자 'ㄱ ㄴ ㄷ ㄹ ㅁ ㅂ ㅅ ㅈ'과 모음자 'ㅑ ㅕ ㅛ ㅠ ㅒ ㅖ'를 함께 위치에 맞게 쓸 수 있습니다.

我可以将子音字母 "ㄱ ㄴ ㄷ ㄹ ㅁ ㅂ ㅅ ㅈ" 和母音字母 "ㅑ ㅕ ㅛ ㅠ ㅒ ㅖ" 正确组合书写。

(4) 나는 'ㅑ ㅕ ㅛ ㅠ ㅒ ㅖ'가 포함된 글자를 읽을 수 있습니다.

我能读出含有 "ㅑ ㅕ ㅛ ㅠ ㅒ ㅖ" 的字。

1. 듣고 따라 읽으세요. 听录音, 朗读下列字。  Track 26

아	어	오	우	애	에
야	여	요	유	얘	예
아야	여우	야유	이유	우유	여유
교수	뉴스	메뉴	시계	서류	겨자

2. 듣고 맞는 것을 고르세요. 听录音, 选出正确的选项。  Track 27

(1) ① 야   ② 여   (2) ① 요   ② 유

(3) ① 여   ② 요   (4) ① 얘   ② 애

(5) ① 며   ② 묘   (6) ① 샤   ② 슈

(7) ① 교수   ② 규수   (8) ① 고려   ② 고료

3. 듣고 글자를 쓰세요. 听录音, 写出相应的单词。  Track 28

(1) 

(3) 

(2) 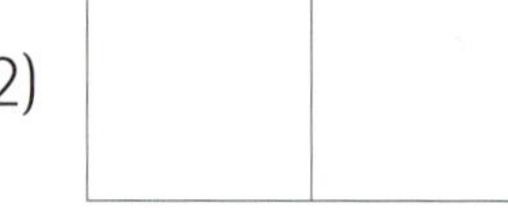

(4)

重点

子音2	ㅋ ㅌ ㅍ ㅊ ㅎ
韩文&音节结构	子音 + 母音

■ 자음자 2 子音2

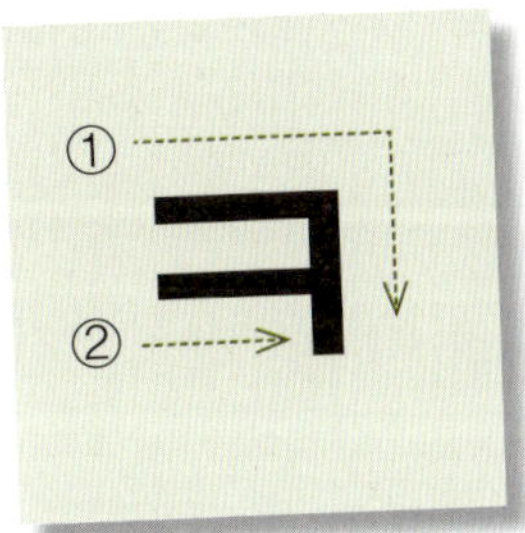
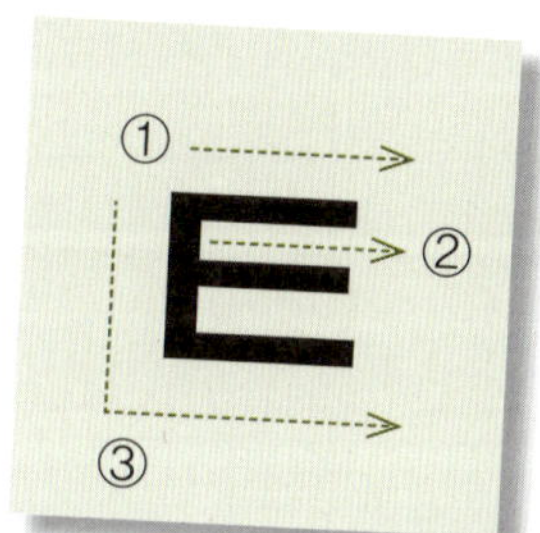
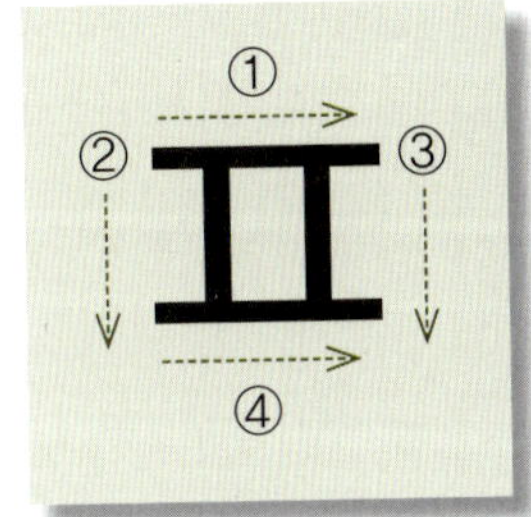
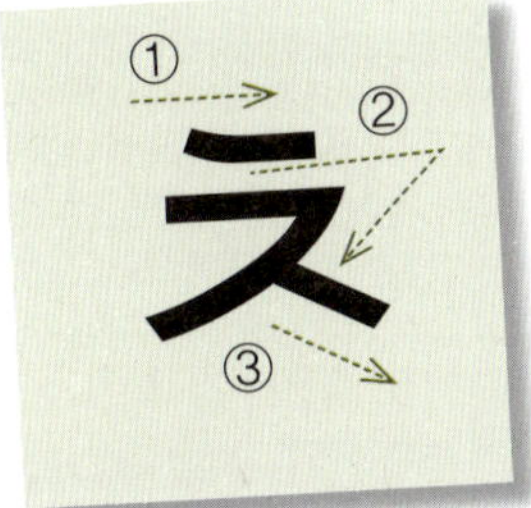

■ **자음자를 쓰세요.** 请临摹下列子音。

ㅋ	[k]	ㄱ	ㅋ			
ㅌ	[t]	ㅡ	ㅌ	ㅌ		
ㅍ	[p]	ㅡ	ㄲ	ㅍ	ㅍ	
ㅊ	[ch]	ㅡ	ㅋ	ㅊ		
ㅎ	[h]	ㅡ	ㅡ	ㅎ		

'ㄱ'뿐만 아니라 'ㅋ'의 모양에도 주의하세요. 수직적인 모음자와 쓸 경우에는 약간 휜 모양이지만 수평적인 모음자와 쓸 경우에는 직선입니다.

　除了"ㄱ"的书写，也请注意"ㅋ"的书写方式。单独书写时呈直角，但是当它和其他呈水平形状的母音字母组合在一起时，书写时需要稍微倾斜。当它和呈垂直形状的母音字母组合在一起时，书写时要写成直角。

ㅋ + ㅏ → 카　　ㅋ + ㅜ → 쿠

1. 'ㅈ'과 'ㅊ', 'ㅎ'과 'ㅎ'은 같은 글자입니다.

　　"ㅈ"和"ㅊ"，"ㅎ"和"ㅎ"是相同的字。

2. 'ㅊ'과 'ㅊ'은 같은 글자입니다. 'ㅊ'은 인쇄체입니다.

　　"ㅊ"和"ㅊ"是相同的，"ㅊ"是印刷体。

■ 자음자와 모음자를 함께 쓰세요. 请将子音和母音组合书写。

	ㅏ	ㅓ	ㅗ	ㅜ	ㅡ	ㅣ	ㅐ	ㅔ
ㅋ	카		코					
ㅌ		터						테
ㅍ			포				패	
ㅊ				추		치		
ㅎ					흐			

 듣고 맞는 것을 고르세요.  Track 29

听录音，选出正确的选项。

(1) ① 가   ② 카   (2) ① 도   ② 토

(3) ① 부   ② 푸   (4) ① 지   ② 치

(5) ① 애   ② 해

 듣고 맞는 자음자를 골라 쓰세요.  Track 30

听录音，选出正确的子音并填空。

(1) ㅏ (ㄷ, ㅌ)   (2) ㅗ (ㅈ, ㅊ)

(3) ㅓ (ㅂ, ㅍ)   (4) ㅜ (ㄱ, ㅋ)

 듣고 음절을 쓰세요.  Track 31

听录音，写出相应的音节。

(1) □ → □   (2) □ → □

(3) □ → □   (4) □ → □

(5) □ → □

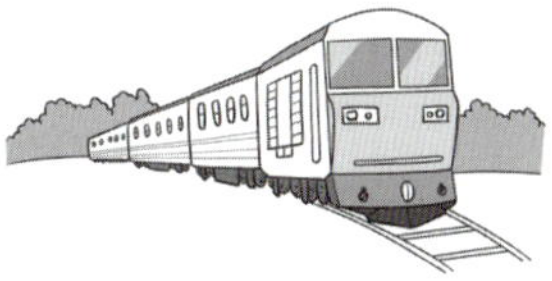	기차	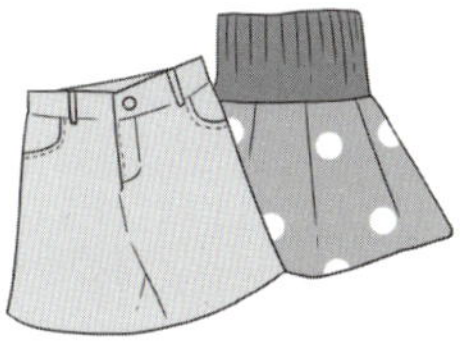	치마
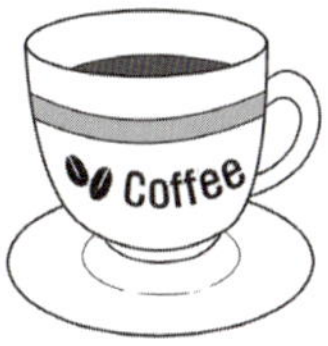	커피	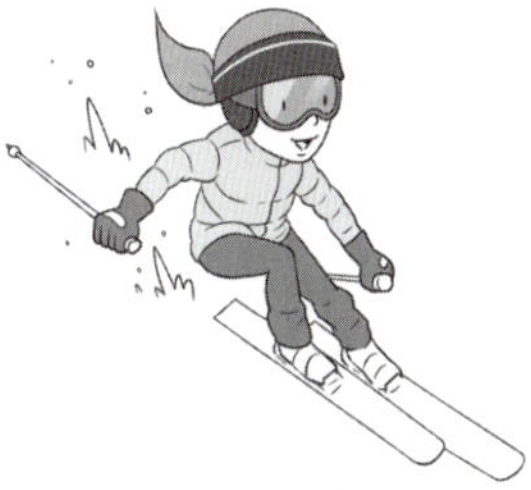	스키
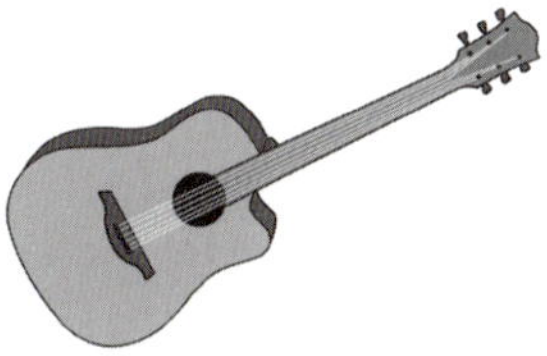	기타	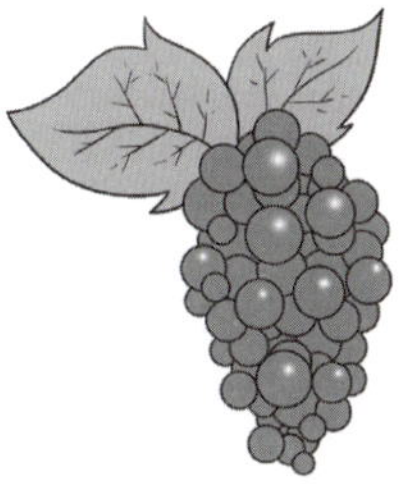	포도
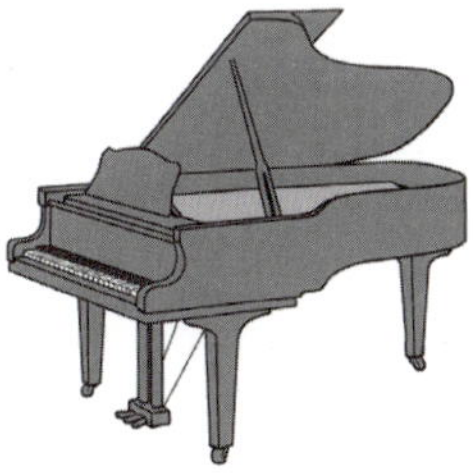	피아노	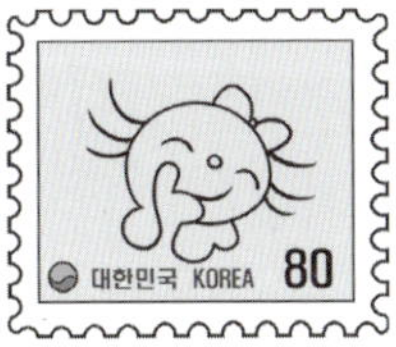	우표
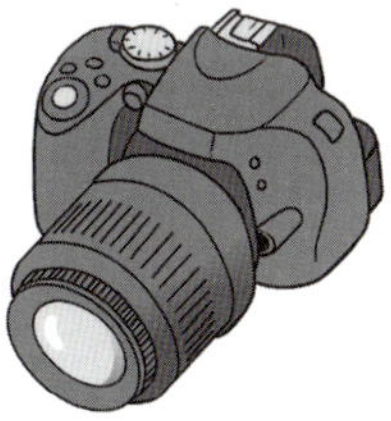	카메라	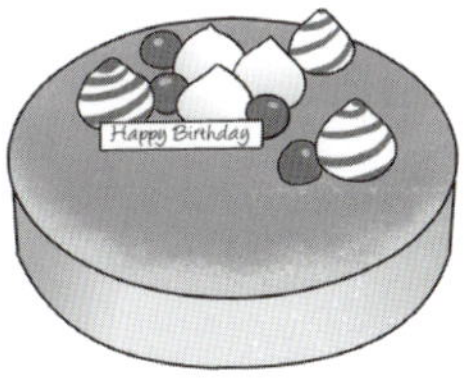	케이크

 듣고 맞는 것을 고르세요.  Track 32

听录音，选出正确的选项。

(1) ① 오 애   ② 오 해

(2) ① 기 자   ② 기 차

(3) ① 쿠 키   ② 구 기

(4) ① 부 패   ② 부 배

(5) ① 도 포   ② 도 보

练习5 듣고 글자를 쓰세요.  Track 33

听录音，写出正确的单词。

(1)   (2)

(3)   (4)

(5)   (6)

活动1 듣고 맞는 것을 찾으세요. Track 34

听录音，连接正确的单词。

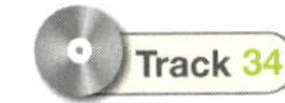

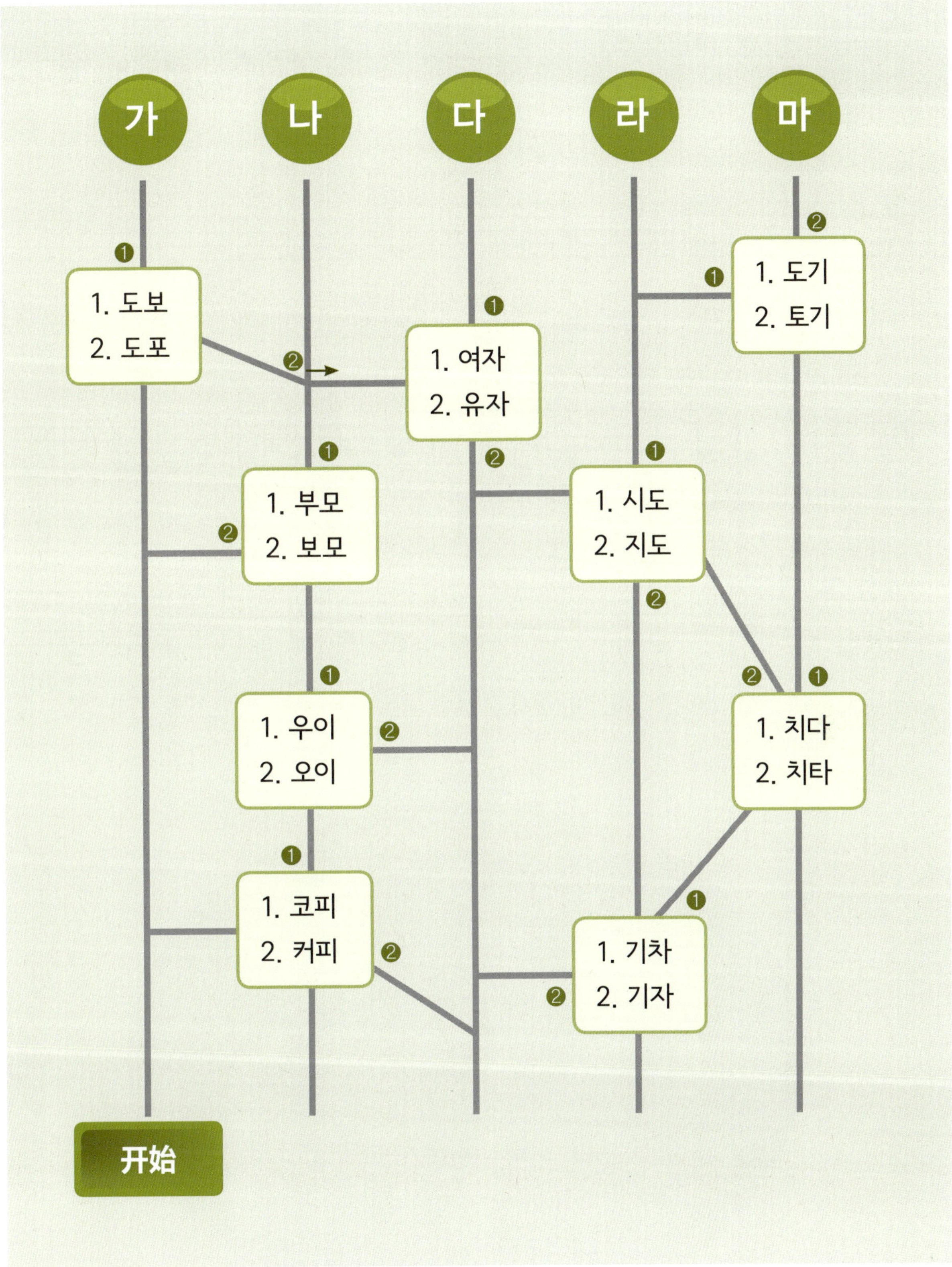

가나다 노래 가나다之歌

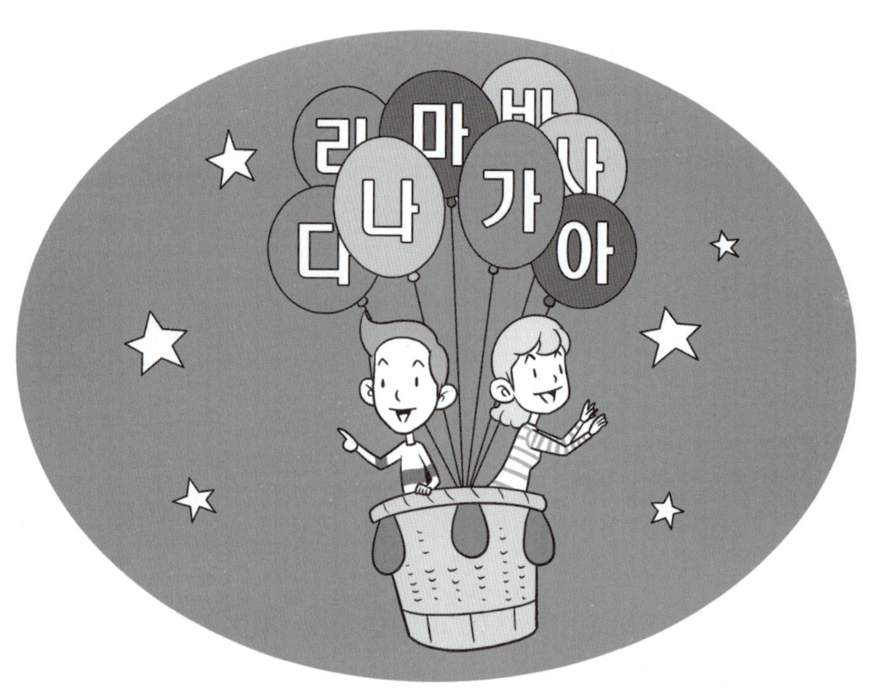

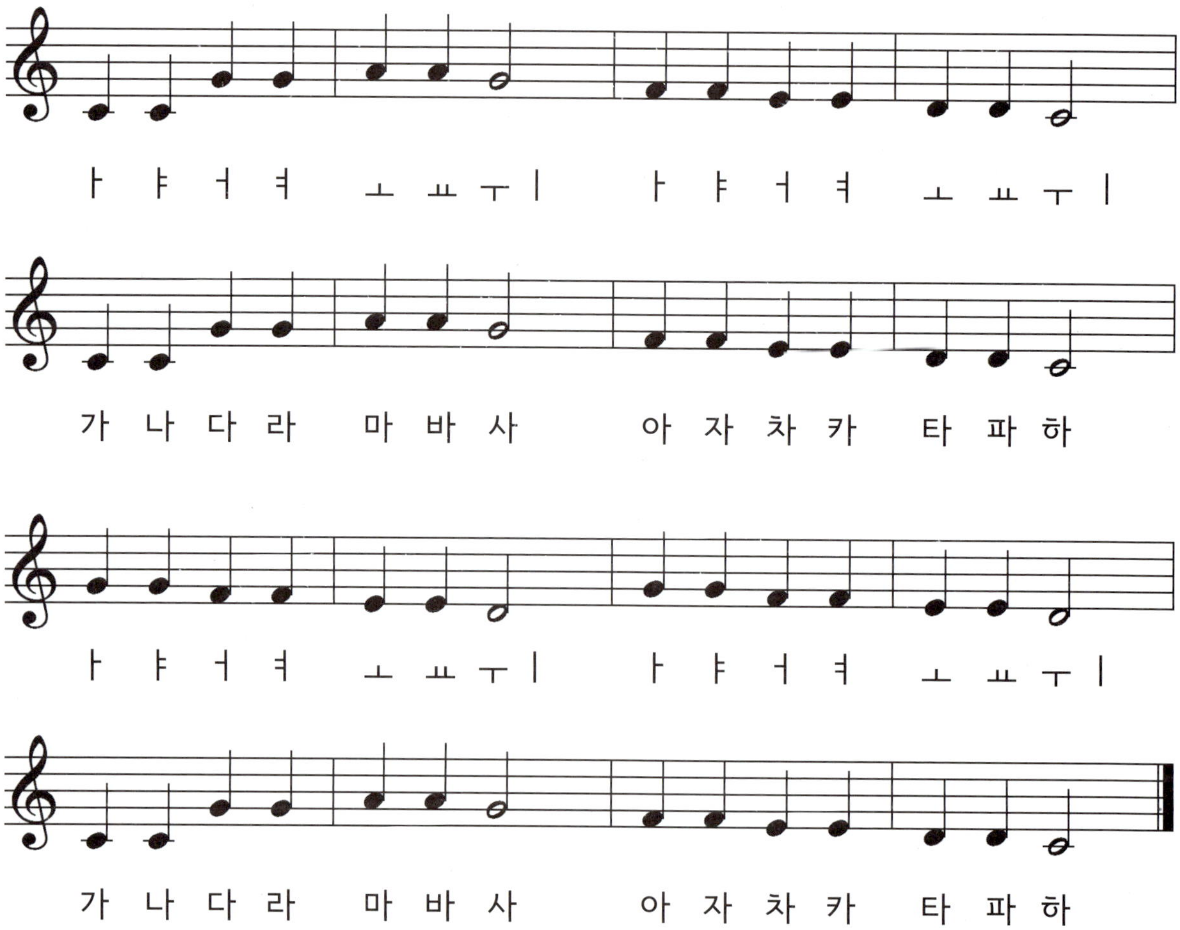
ㅏ ㅑ ㅓ ㅕ ㅗ ㅛ ㅜ ㅣ ㅏ ㅑ ㅓ ㅕ ㅗ ㅛ ㅜ ㅣ
가 나 다 라 마 바 사 아 자 차 카 타 파 하
ㅏ ㅑ ㅓ ㅕ ㅗ ㅛ ㅜ ㅣ ㅏ ㅑ ㅓ ㅕ ㅗ ㅛ ㅜ ㅣ
가 나 다 라 마 바 사 아 자 차 카 타 파 하

마
나
가
다
아

(1) 나는 자음자 'ㅋ ㅌ ㅍ ㅊ ㅎ'을 순서에 맞게 쓸 수 있습니다.

我可以按笔顺正确书写"ㅋ ㅌ ㅍ ㅊ ㅎ"。

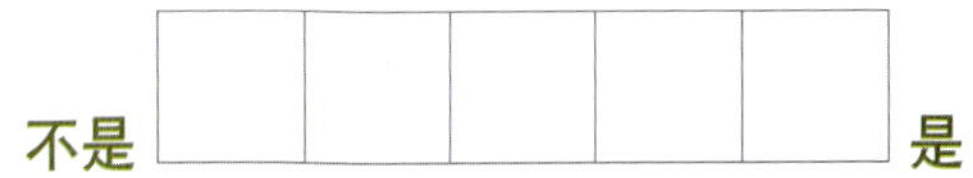

(2) 나는 자음자 'ㅋ ㅌ ㅍ ㅊ ㅎ'과 모음자 'ㅏ ㅑ ㅓ ㅕ ㅗ ㅛ ㅜ ㅠ ㅡ ㅣ ㅐ ㅒ ㅔ ㅖ'를 위치에 맞게 쓸 수 있습니다.

我可以将子音字母"ㅋ ㅌ ㅍ ㅊ ㅎ"和母音字母"ㅏ ㅑ ㅓ ㅕ ㅗ ㅛ ㅜ ㅠ ㅡ ㅣ ㅐ ㅒ ㅔ ㅖ"按顺序正确组合书写。

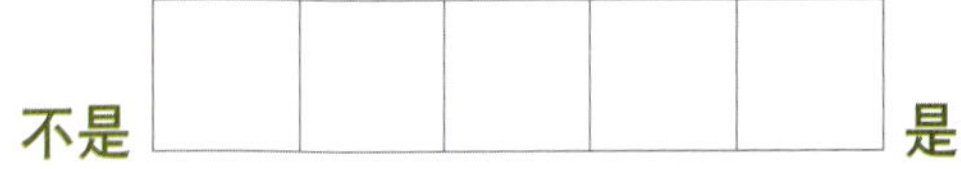

(3) 나는 'ㅋ ㅌ ㅍ ㅊ ㅎ'이 포함된 단어를 읽을 수 있습니다.

我可以读出含有"ㅋ ㅌ ㅍ ㅊ ㅎ"的单词。

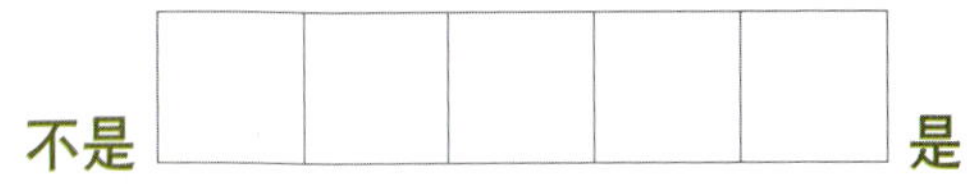

(4) 나는 'ㄱ ㄷ ㅂ ㅈ'과 'ㅋ ㅌ ㅍ ㅊ'의 차이를 인식하고 구별해서 발음할 수 있습니다.

我可以区分"ㄱ ㄷ ㅂ ㅈ"和"ㅋ ㅌ ㅍ ㅊ"并读出正确的发音。

1. 듣고 따라 읽으세요. 听录音并朗读. 

가	다	바	자	
카	타	파	차	하
구	두	부	주	
쿠	투	푸	추	후

2. 듣고 맞는 것을 고르세요. 听录音, 选出正确的选项. 

(1) ① 고　　② 코　　　　(2) ① 두　　② 투

(3) ① 비　　② 피　　　　(4) ① 자　　② 차

(5) ① 주자　② 주차　　　(6) ① 기다　② 기타

(7) ① 포도　② 보도　　　(8) ① 가구　② 카구

3. 듣고 글자를 쓰세요. 听录音, 写出相应的字. 

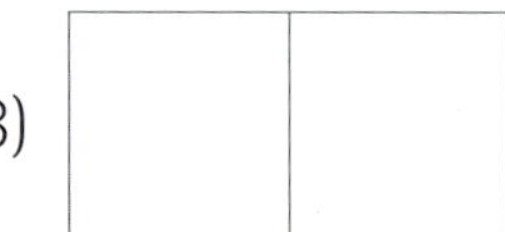

받침
收音

重点

韩文&音节结构3	母音——子音
韩文&音节结构4	子音 + 母音 + 子音

■ 받침 1 收音

다음 글자를 읽어 보세요. 朗读下列字。

안　암　알　앙

1. '口'이 받침으로 사용될 경우 발음은 [l]과 비슷합니다. 그러나 혀가 입천장의 앞부분에 닿는 점이 [l]과 다릅니다.

   "ㄹ" 在做尾音使用时发音和[l]相似，但是舌头需要接触上颚前部，和[l]的发音有细微区别。

2. 'ㅇ'이 받침으로 사용될 경우 발음은 'ng'를 읽을 때와 같은 [ŋ]입니다.

   "ㅇ" 在做尾音的时候读音为 "ng"。

ㄴ	ㅁ	ㄹ	ㅇ
[n]	[m]	[l]	[ng]

■ 한글과 음절 구조 3 - 모음 + 자음

韩文和音节结构3 - 母音 + 子音

■ 한글과 음절 구조 4 - 자음 + 모음 + 자음

韩文和音节结构4 - 子音 + 母音 + 子音

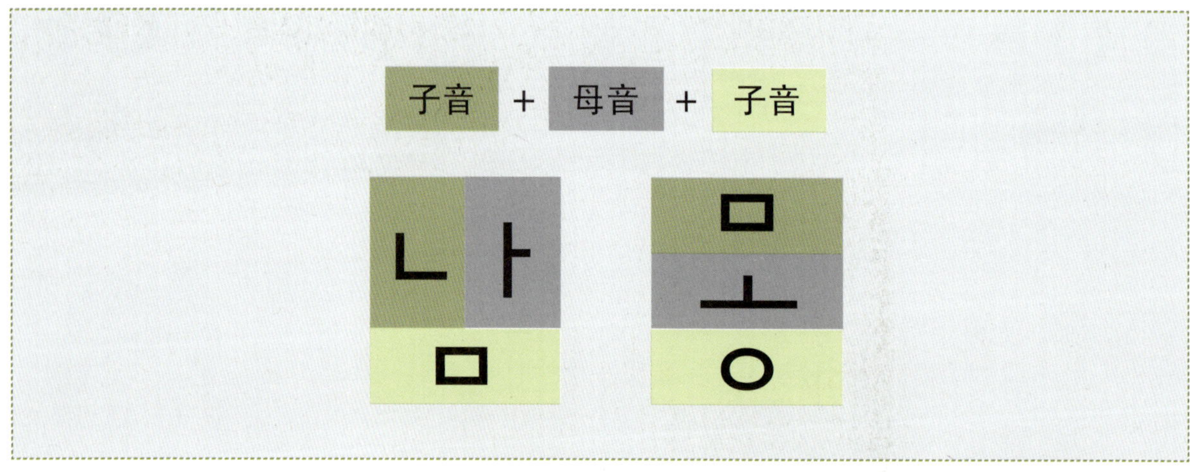

请将下列母音和子音组合书写。

	ㅏ	ㅓ	ㅗ	ㅜ
ㄱ	간			
ㄴ		널		
ㄷ			돔	
ㄹ				룽
ㅁ	만			
ㅂ		벌		
ㅅ			솜	
ㅇ				웅
ㅈ	잔			
ㅊ		철		
ㅋ			콤	
ㅌ				퉁
ㅍ	판			
ㅎ		헐		
	ㄴ	ㄴㄹ	ㅁ	ㅇ

	ㅡ	ㅣ	ㅐ	ㅔ
ㄱ	근			
ㄴ		닐		
ㄷ			댐	
ㄹ				렝
ㅁ	믄			
ㅂ		빌		
ㅅ			샘	
ㅇ				엥
ㅈ	즌			
ㅊ		칠		
ㅋ			캠	
ㅌ				텡
ㅍ	픈			
ㅎ		힐		
	ㄴ	ㄴㄹ	ㅁ	ㅇ

 듣고 맞는 것을 고르세요. 
听录音，选出正确的选项。

(1) ① 안　② 암　　　　(2) ① 엄　② 엉

(3) ① 율　② 윤　　　　(4) ① 응　② 은

(5) ① 올　② 옴　　　　(6) ① 일　② 잉

 듣고 맞는 받침을 골라 쓰세요. 
听录音，选出正确的收音并填空。

(1) 노 (ㄴ, ㅇ)　　　(2) 타 (ㅇ, ㄹ)

(3) 추 (ㄹ, ㄴ)　　　(4) 벼 (ㅁ, ㄹ)

(5) 저 (ㅁ, ㅇ)　　　(6) 기 (ㄴ, ㅁ)

 듣고 음절을 쓰세요. 
听录音，写出相应的音节。

(1) □ → □ → □ → □

(2) □ → □ → □ → □

(3) □ → □ → □ → □

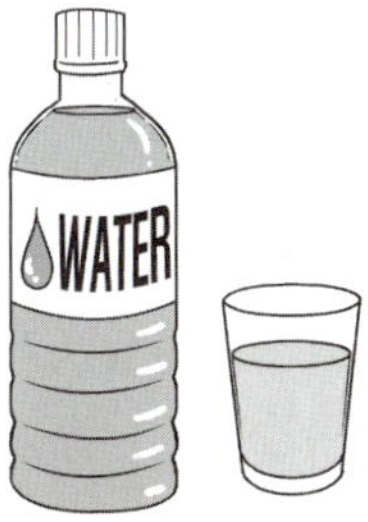	물	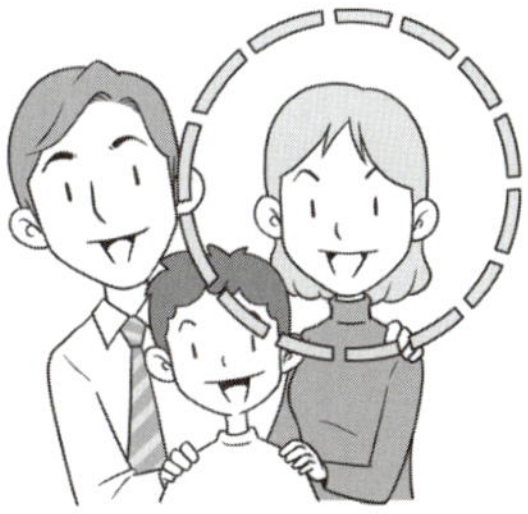	엄마
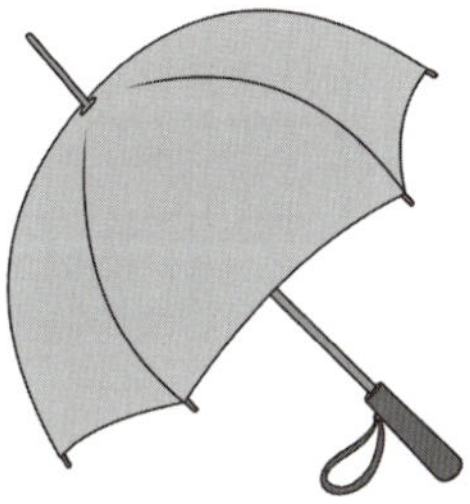	우산	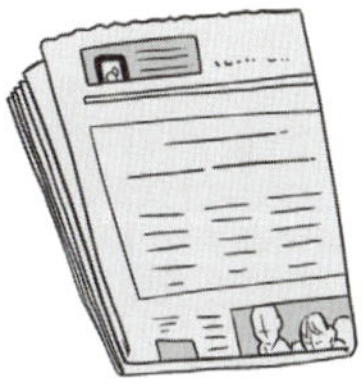	신문
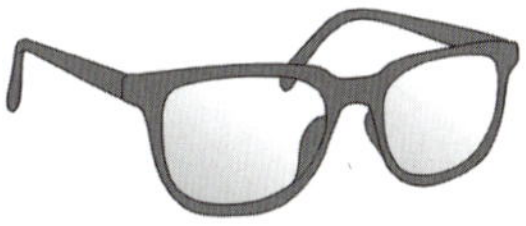	안경	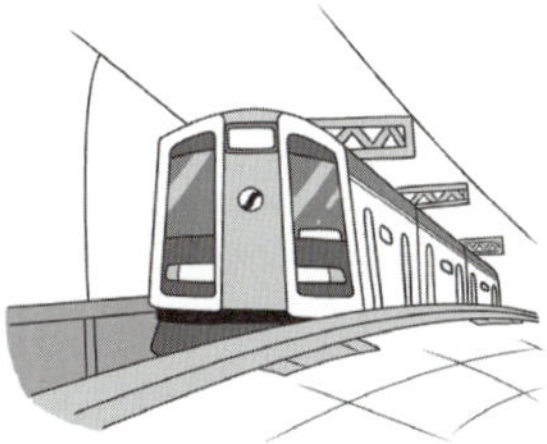	지하철
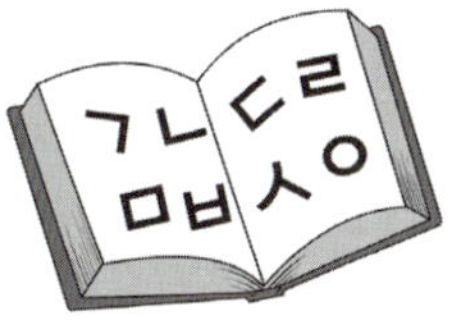	한글	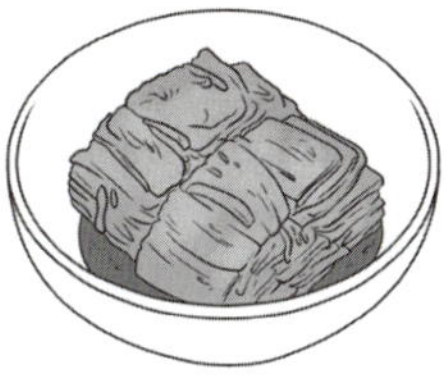	김치
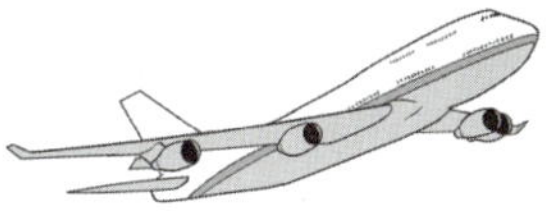	비행기	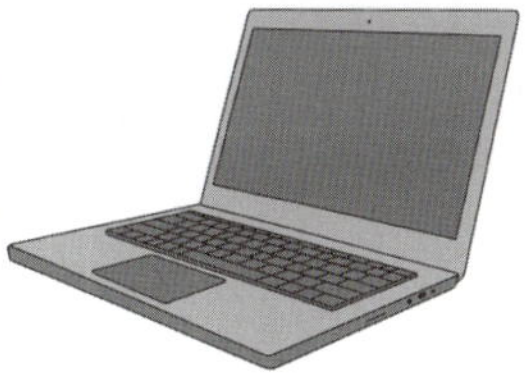	컴퓨터

다음 글자를 읽어 보세요. 请朗读下列字。

ㄱ	ㅂ	ㄷ	ㅅ	ㅈ	
ㅋ	ㅍ	ㅌ		ㅊ	ㅎ
[k]	[p]	[t]			

■ <보기>와 같이 자음자와 모음자를 함께 쓰세요.
按照<示例>将下列的子音和母音组合拼写。

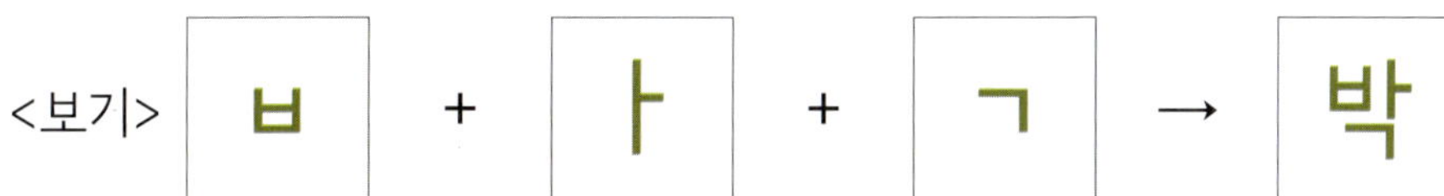

<보기> ㅂ + ㅏ + ㄱ → 박

(1) ㅇ + ㅏ + ㅋ →

(2) ㅈ + ㅗ + ㅂ →

(3) ㄱ + ㅣ + ㅍ →

(4) ㅁ + ㅏ + ㄷ →

(5) ㅂ + ㅜ + ㅌ →

(6) ㅇ + ㅗ + ㅅ →

(7) ㄴ + ㅏ + ㅈ →

(8) ㅂ + ㅣ + ㅊ →

	ㅏ	ㅗ	ㅐ
ㄱ	각		
ㄴ			
ㄷ		돕	
ㄹ			
ㅁ			맷
ㅂ			
ㅅ	삭		
ㅇ			
ㅈ		좁	
ㅊ			
ㅋ			캣
ㅌ			
ㅍ	팍		
ㅎ			
ㄱ	ㄱㅂ	ㅅ	

	ㅏ
ㄱ	갖
ㄴ	
ㄷ	
ㅁ	
ㅈ	

	ㅏ
ㄱ	
ㄴ	낱
ㄷ	
ㅂ	
ㅅ	
ㅌ	

	ㅏ
ㄱ	
ㄴ	
ㄷ	
ㄹ	랗
ㅁ	
ㅎ	

	ㅣ
ㄱ	
ㄷ	
ㅁ	믿
ㅅ	
ㄷ	

	ㅣ
ㄱ	
ㄴ	
ㅅ	
ㅈ	짚
ㅍ	

	ㅕ
ㅁ	
ㅊ	

	ㅠ
ㅇ	
ㅊ	

	ㅕ
ㄴ	
ㅋ	

	ㅓ
ㅇ	
ㅋ	

	ㅡ
ㅇ	
ㅋ	

 듣고 맞는 것을 고르세요.  Track 41

听录音, 选出正确的选项。

(1) ① 집   ② 짐

(2) ① 공   ② 곳

(3) ① 묻   ② 물

(4) ① 책   ② 챈

(5) ① 낮   ② 납

(6) ① 숙   ② 숯

(7) ① 듣   ② 득

(8) ① 밥   ② 받

练习5   받침 발음이 다른 것을 고르세요.

请选出收音发音不同的选项。

(1) 억, 얻, 억

(2) 놉, 높, 놈

(3) 숫, 숱, 숲

(4) 벽, 볕, 볏

(5) 짚, 집, 짓

(6) 돗, 독, 돌

练习6   듣고 맞는 글자를 골라 쓰세요.  Track 42

听录音, 选出正确的收音并填空。

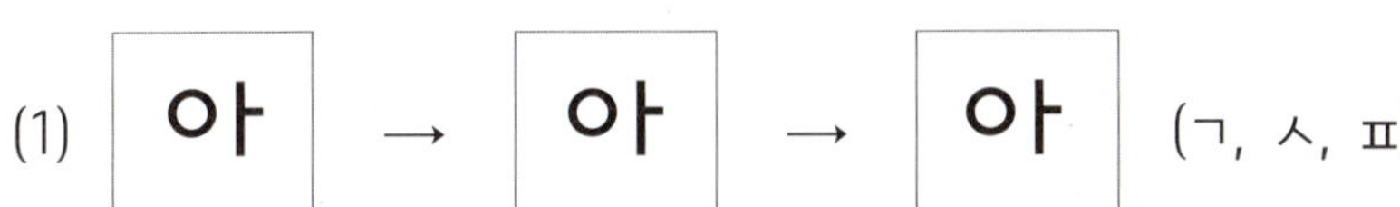

(1) 아 → 아 → 아   (ㄱ, ㅅ, ㅍ)

(2) 구 → 구 → 구   (ㄱ, ㅂ, ㅈ)

	옷		지갑
	낮		부엌
	앞		밑
	가족	10	십

듣고 맞는 것을 고르세요. Track 43

听录音，选出正确的选项。

(1) ① 공 책   ② 곤 책

(2) ① 안 겸   ② 안 경

(3) ① 한 굿   ② 한 국

(4) ① 지 갑   ② 지 각

(5) ① 음 식   ② 음 십

듣고 알맞은 글자를 골라 단어를 완성하세요. Track 44

听录音，选出正确的字并完成下列单词。

(1) ㅓ ㅕ   (ㄱ, ㄴ, ㅈ)

(2) 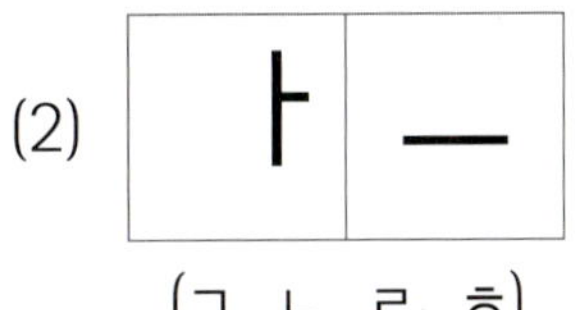 ㅏ ㅡ   (ㄱ, ㄴ, ㄹ, ㅎ)

(3) ㅗ ㅓ   (ㄴ, ㄷ, ㅇ, ㅈ)

(4) 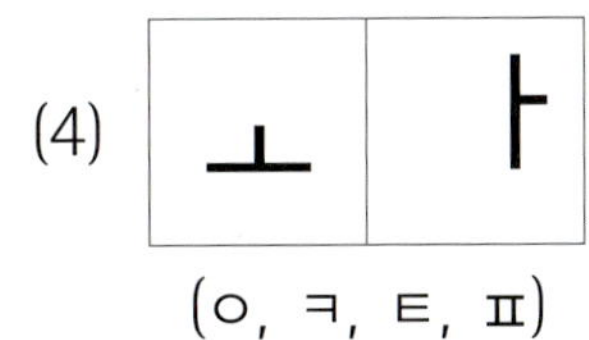 ㅗ ㅏ   (ㅇ, ㅋ, ㅌ, ㅍ)

(5) ㅏ ㅏ   (ㄴ, ㅁ, ㅂ, ㅈ)

(6) 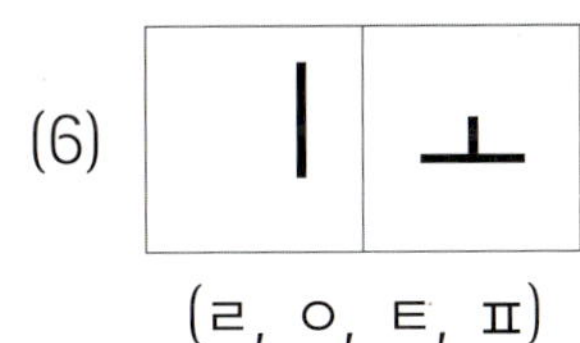 ㅣ ㅗ   (ㄹ, ㅇ, ㅌ, ㅍ)

 기억력 테스트 记忆力测试

(1) 2~3명이 한 조가 되어 조 이름을 만드세요.
2~3人组成一组，并确定组名。

(2) 카드에 쓰인 글자를 읽으면 뒷면의 그림을 볼 수 있어요.
读出卡片上的单词后，反转卡片，可以看到卡片背面的图案。

(3) 같은 그림이 두 개씩 있어요. 같은 그림을 찾으면 팀 이름을 말하고 카드에 쓰인 글자를 읽으세요.
同样的图片有两张，找出相同的图片后，说出自己的组名，并且读出卡上的单词。

(4) 같은 그림을 많이 찾는 팀이 이겨요.
找出相同卡片最多的组胜出。

■ **자음자의 이름 1** 子音的名字1

文字	名字	文字	名字	文字	名字
ㄱ	기역	ㅂ	비읍	ㅋ	키읔
ㄴ	니은	ㅅ	시옷	ㅌ	티읕
ㄷ	디귿	ㅇ	이응	ㅍ	피읖
ㄹ	리을	ㅈ	지읒	ㅎ	히읗
ㅁ	미음	ㅊ	치읓		

自测

(1) 나는 받침을 정확하게 읽을 수 있습니다.
我可以正确读出收音的发音。

不是   是

(2) 나는 받침을 위치에 맞게 쓸 수 있습니다.
我可以正确的写出收音的位置。

不是   是

(3) 나는 받침 'ㄴ ㄹ ㅁ ㅇ'의 차이를 정확하게 쓸 수 있습니다.
我能识别收音 "ㄴ ㄹ ㅁ ㅇ" 的差异并准确书写。

不是   是

1. 듣고 따라 읽으세요. 听录音并朗读。  Track 45

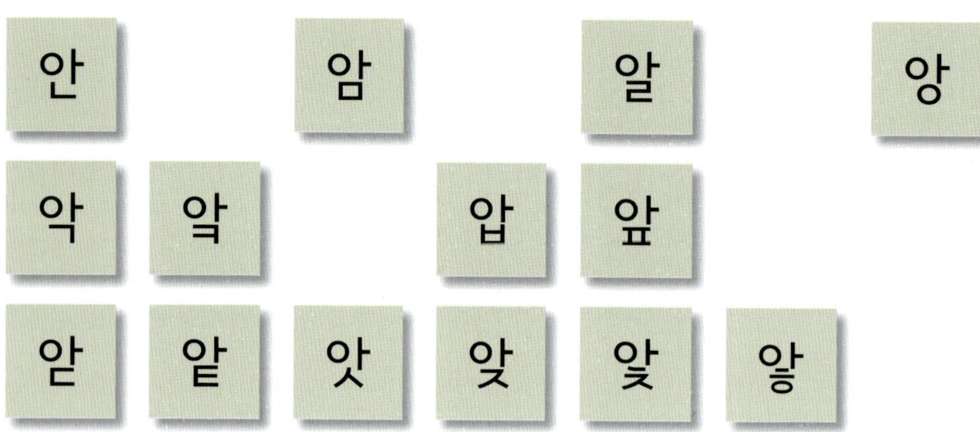

2. 듣고 맞는 것을 고르세요. 听录音，选出正确的选项。  Track 46

(1) ① 독   ② 돈

(2) ① 국   ② 궁

(3) ① 밥   ② 박

(4) ① 섬   ② 선

(5) ① 물   ② 문

(6) ① 값   ② 갓

(7) ① 볕   ② 벽

(8) ① 낮   ② 납

3. 듣고 알맞은 글자를 골라 단어를 완성하세요.  Track 47

听录音，选出正确的字完成单词。

(1) | 수 | (박, 밧, 밥)

(2) | 필 | (연, 염, 영)

(3) | 콘 | (팝, 팟, 팍)

(4) | 음 | (식, 싯, 싶)

이중모음자 2
复合母音2

重点

复合母音2　　　ㅘ ㅝ ㅙ ㅞ ㅚ ㅟ ㅢ

■ 이중모음자 2 复合母音2

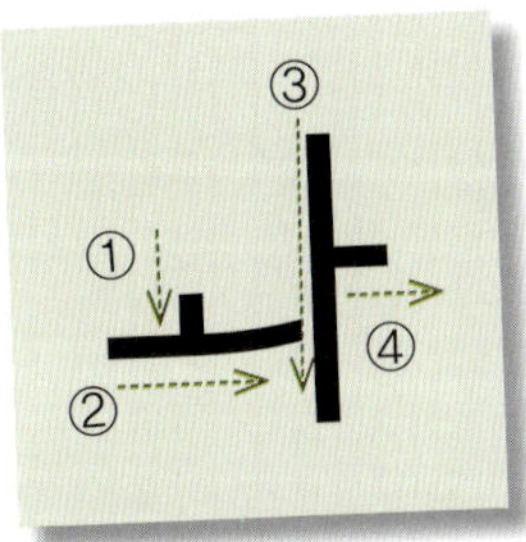
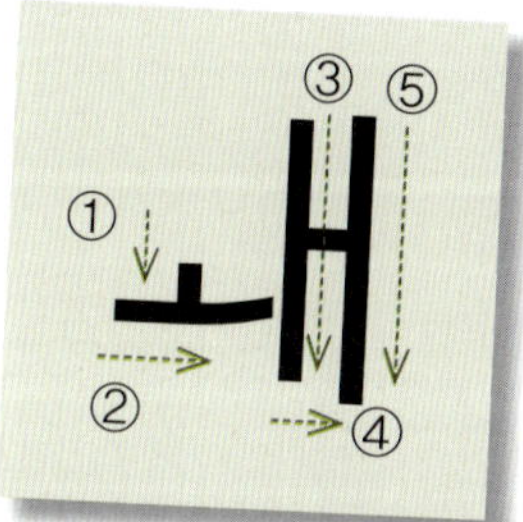
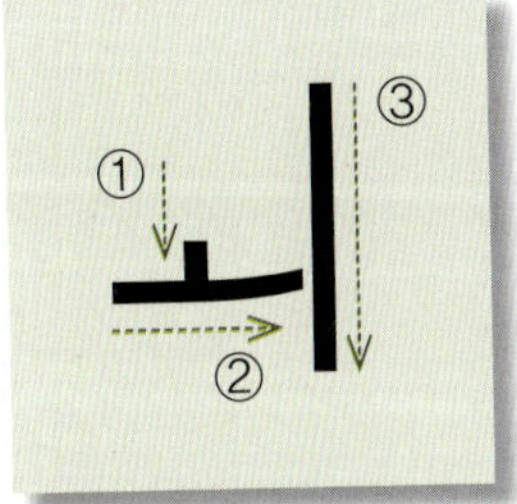
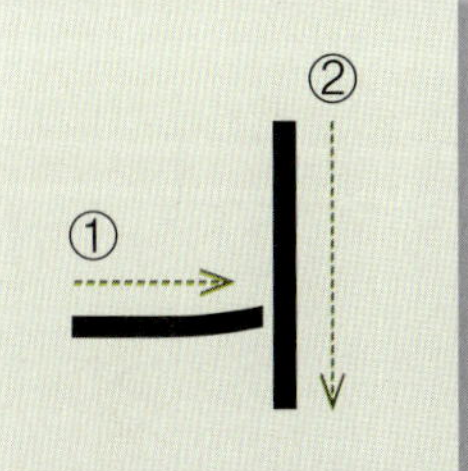
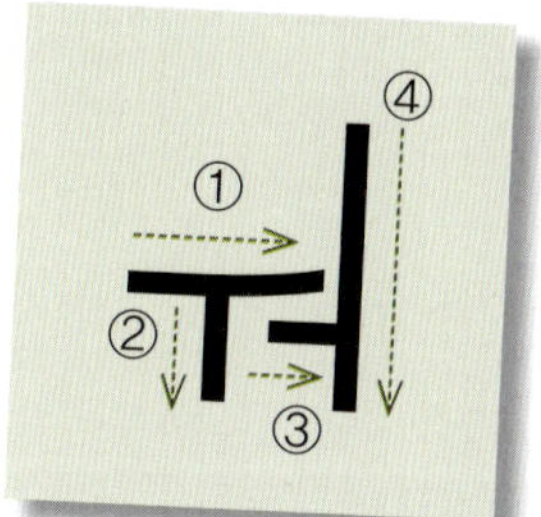
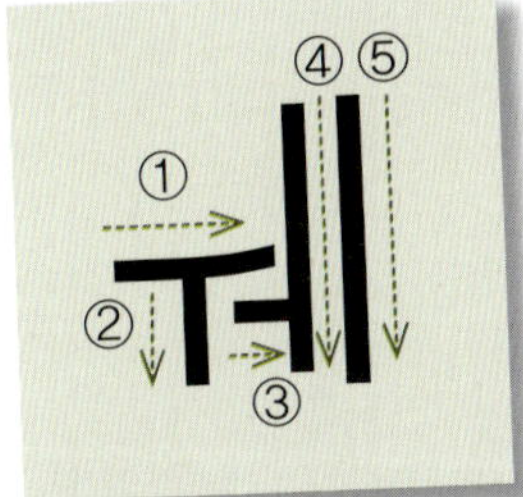
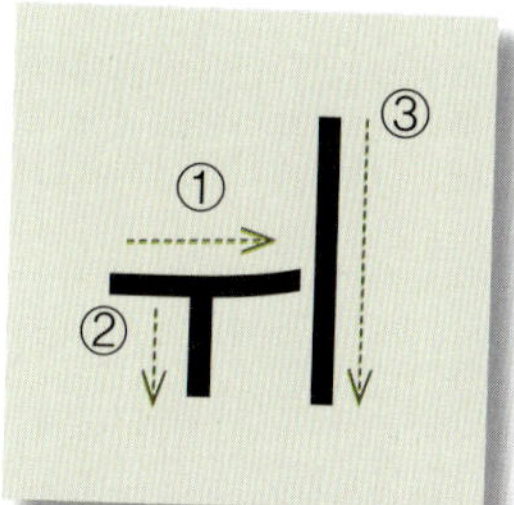

나	[wa]	ㅇ	ㅇ	오	외	와	
ᅯ	[wo]	ㅇ	으	우	우	워	
ᅫ	[wae] *[we]	ㅇ	ㅇ	오	외	와	왜
ᅰ	[we]	ㅇ	으	우	우	워	웨
ᅬ	[oe] *[we]	ㅇ	ㅇ	오	외		
ᅱ	[wi]	ㅇ	으	우	위		
ᅴ	[ui]	ㅇ	으	의			

韩文和音节结构 – 母音, 子音 + 母音, 母音 + 子音, 子音 + 母音 + 子音

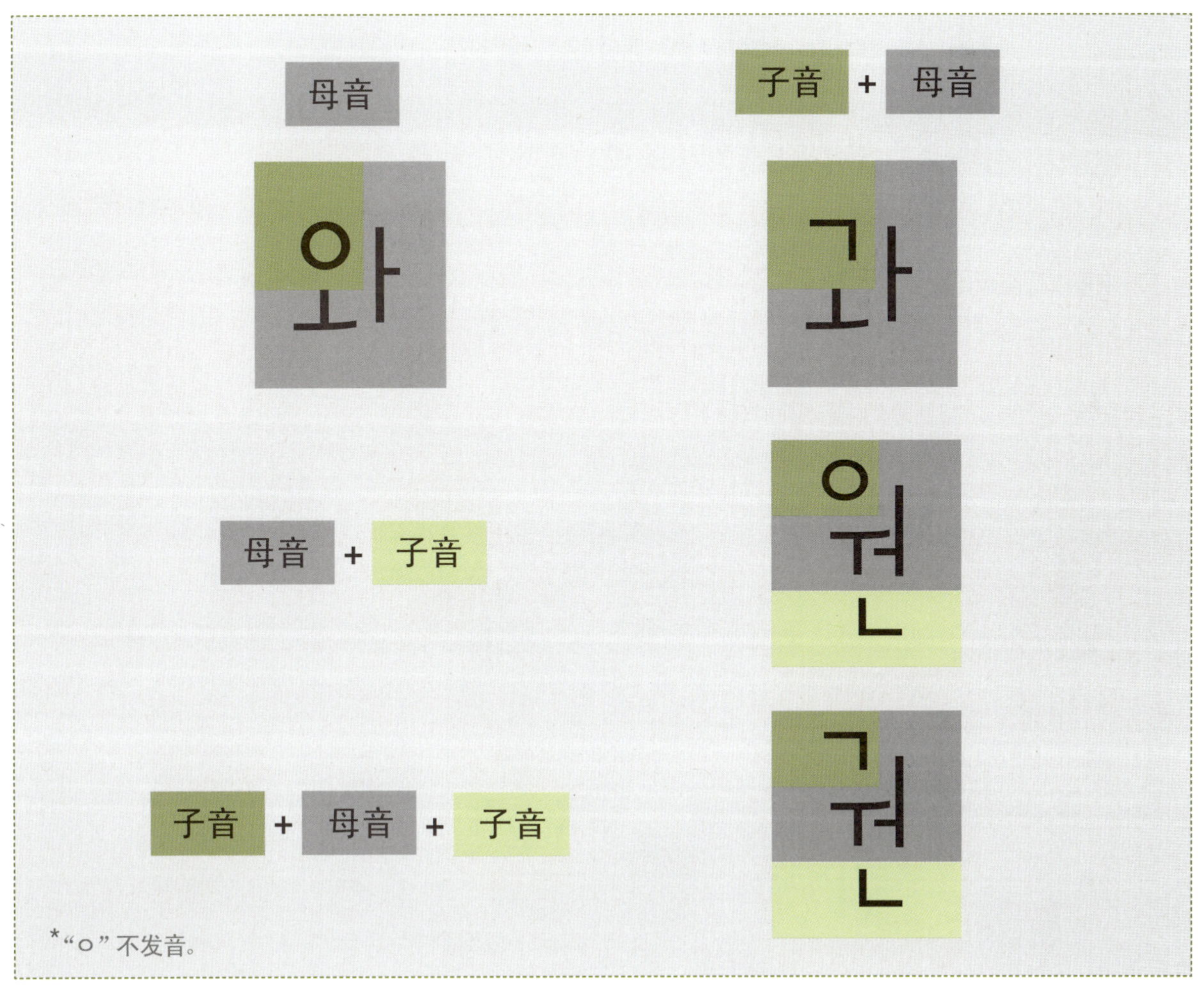

■ 자음자와 모음자를 함께 쓰세요. 请将下列子音和母音组合拼写。

	ㅘ	ㅝ	ㅞ	ㅚ	ㅟ
ㄱ	과		궤		
ㄴ		눠			
ㄷ					뒤
ㄹ				뢰	

	ㅘ	ㅝ	ㅞ	ㅚ	ㅟ
ㅁ	뫄				
ㅂ		붜			
ㅅ			쉐		
ㅇ				외	
ㅈ					쥐
ㅊ	촤				
ㅋ		쿼			
ㅌ			퉤		
ㅍ				픠	
ㅎ					휘

'ㅢ'가 자음자와 함께 쓰이면 [i]로 발음됩니다.

"ㅢ" 和子音字母组合在一起时发[i]的音。

희 [히]　늬 [니]

■ <보기>와 같이 자음자와 모음자를 함께 쓰세요.
请按照<示例>组合书写下列子音和母音。

<보기> ㄱ + ㅘ + ㄴ → 관

(1) ㅇ + ㅚ + ㄴ →

(2) ㅅ + ㅟ + ㅂ →

(3) ㄱ + ㅝ + ㄴ →

(4) ㅇ + ㅘ + ㅇ →

(5) ㅎ + ㅣ + ㄴ →

(6) ㅎ + ㅙ + ㅅ →

(7) ㄷ + ㅚ + ㄴ →

(8) ㅇ + ㅝ + ㄹ →

 듣고 맞는 것을 고르세요.  Track 48

听录音, 选出正确的选项。

(1) ① 오아　② 와

(2) ① 우이　② 위

(3) ① 우어　② 워

(4) ① 으이　② 의

(5) ① 와　② 워

(6) ① 위　② 외

(7) ① 워　② 웨

(8) ① 의　② 위

 듣고 맞는 모음자를 골라 쓰세요.  Track 49

听录音, 选出正确的母音并填空。

(1) ㅅ (ㅟ, ㅣ)

(2) ㅂ (ㅝ, ㅘ)

(3) ㄷ (ㅙ, ㅐ)

(4) ㅁ (ㅝ, ㅓ)

(5) ㅈ (ㅚ, ㅟ)

(6) ㄱ (ㅝ, ㅞ)

 듣고 음절을 쓰세요.  Track 50

听录音, 写出正确的音节。

(1) □ → □ → □

(2) □ → □ → □

(3) □ → □ → □

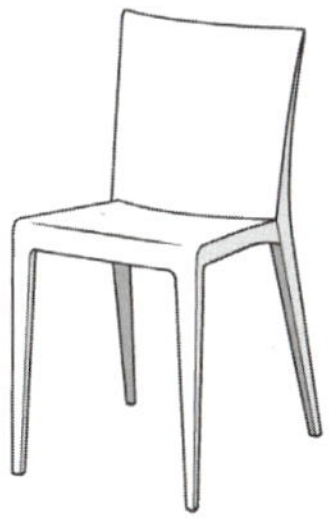	의자	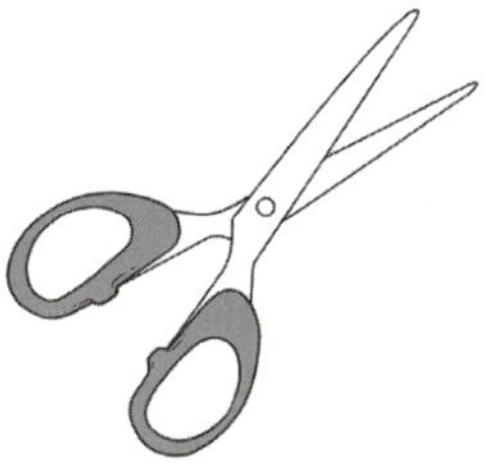	가위
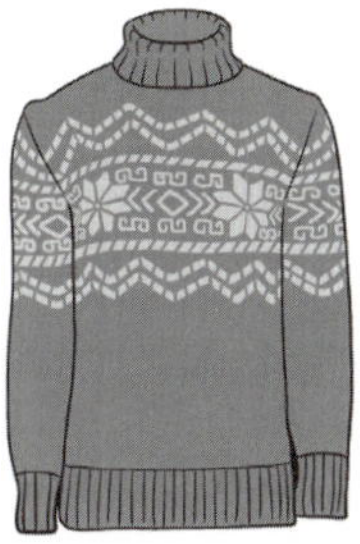	스웨터	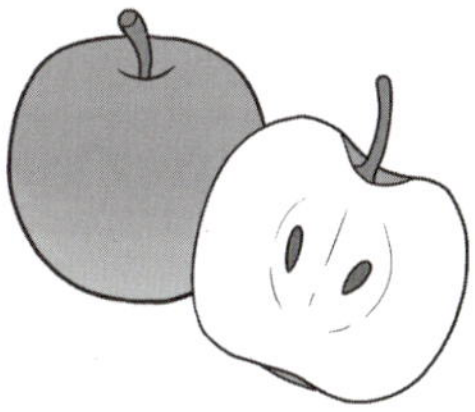	사과
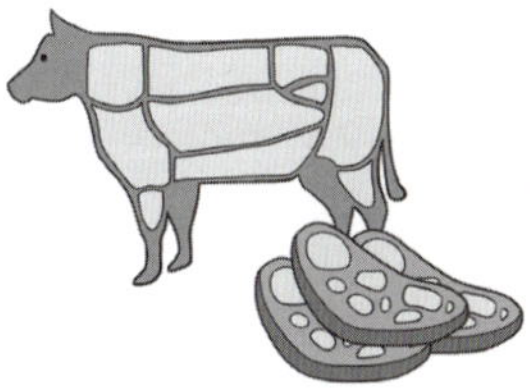	쇠고기	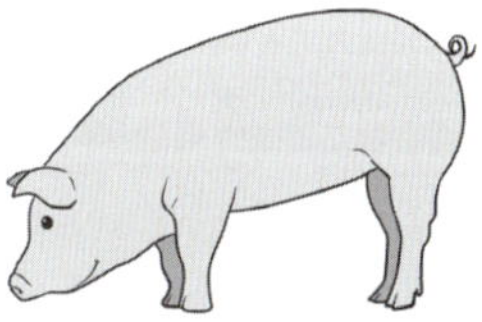	돼지
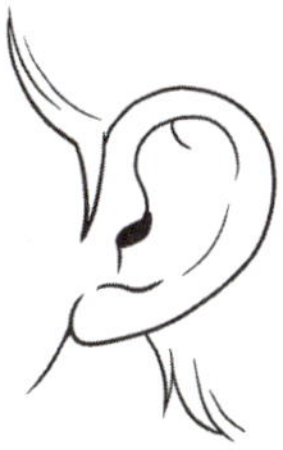	귀	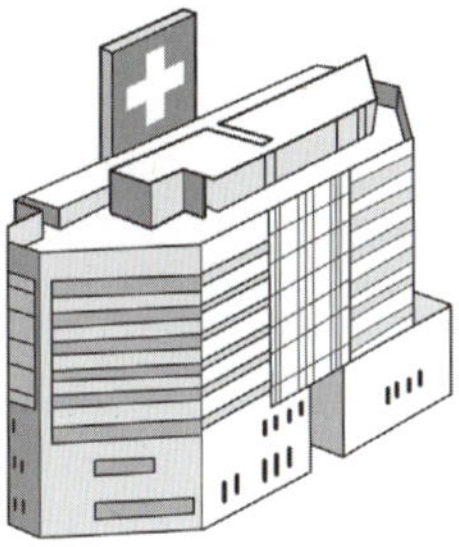	병원
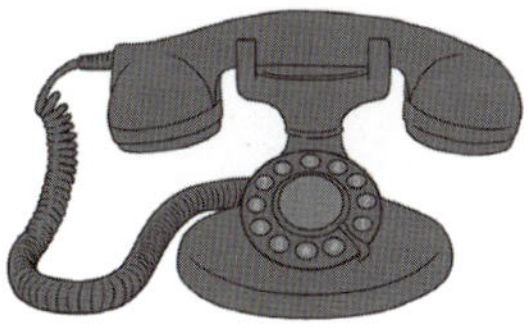	전화	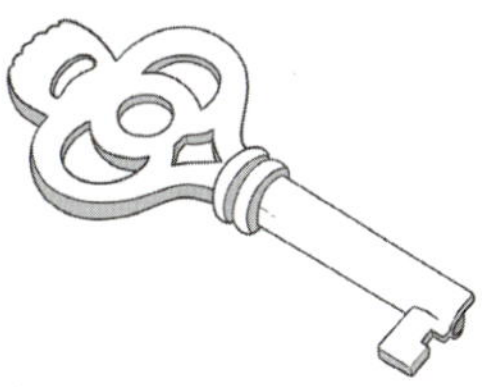	열쇠

 듣고 글자를 완성하세요.  Track 51
听录音，完成下列单词。

(1) ㅇ | ㄷ

(2) ㅅ | ㅇ

(3) ㄱ | ㅈ

(4) ㅇ | ㅈ

(5) ㅙ |

(6) | ㅔ |

(7) ㅚ |

(8) ㅐ | |

练习5 듣고 글자를 쓰세요.  Track 52
听录音，写出相应的单词。

(1)

(2)

(3)

(4)

(5)

(6)

듣고 맞는 것을 찾으세요.　Track 53
听录音，选出正确的单词。

 自測

(1) 나는 'ㅇ'과 함께 모음자 'ㅘ ㅝ ㅙ ㅞ ㅚ ㅟ ㅢ'를 순서에 맞게 쓸 수 있습니다.
我可以正确书写出 "ㅇ" 和 "ㅘ ㅝ ㅙ ㅞ ㅚ ㅟ ㅢ" 的笔顺。

不是 |　|　|　|　|　| 是

(2) 나는 모음자 'ㅘ ㅝ ㅙ ㅞ ㅚ ㅟ ㅢ'를 자음자 및 받침과 함께 위치에 맞게 쓸 수 있습니다.
我可以书写出含有 "ㅘ ㅝ ㅙ ㅞ ㅚ ㅟ ㅢ" 的单词，并可以正确书写出其和收音的组合位置。

不是 |　|　|　|　|　| 是

(3) 나는 'ㅘ ㅝ ㅙ ㅞ ㅚ ㅟ ㅢ'가 포함된 글자를 읽을 수 있습니다.
我能读出含有 "ㅘ ㅝ ㅙ ㅞ ㅚ ㅟ ㅢ" 的字。

不是 |　|　|　|　|　| 是

复习6

1. 듣고 따라 읽으세요. 听录音并朗读。 Track 54

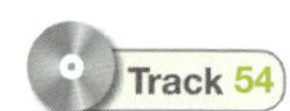

와 워 위

왜 웨 외

의

의자 가위 더워요

2. 듣고 맞는 것을 고르세요. 听录音，选出正确的选项。 Track 55

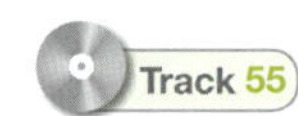

(1) ① 위 ② 웨

(2) ① 와 ② 워

(3) ① 의 ② 외

(4) ① 위 ② 외

(5) ① 거 ② 궈

(6) ① 쉬 ② 시

(7) ① 봐 ② 붜

(8) ① 줘 ② 죄

3. 듣고 글자를 쓰세요. 听录音，写出相应的单词。 Track 56

(1) | | |

(2) | | |

(3) | | |

(4) | | |

重点

子音3   ㄲ ㄸ ㅃ ㅆ ㅉ

■ 자음자 3 子音3

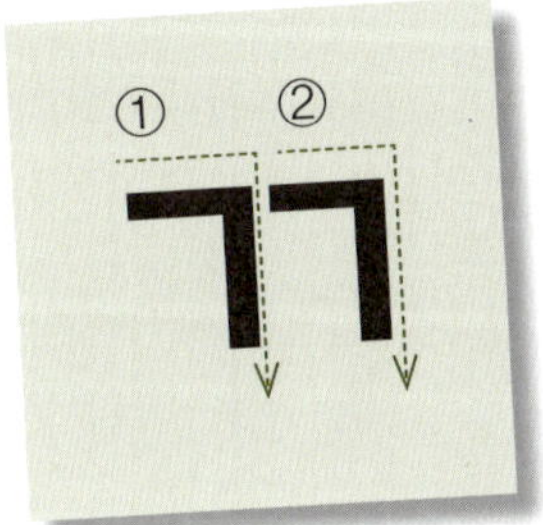

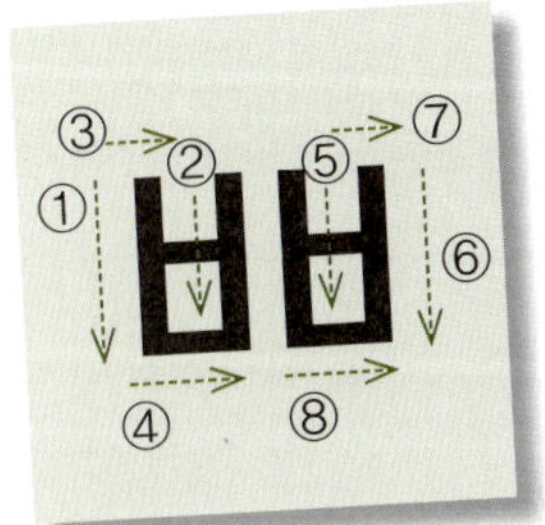

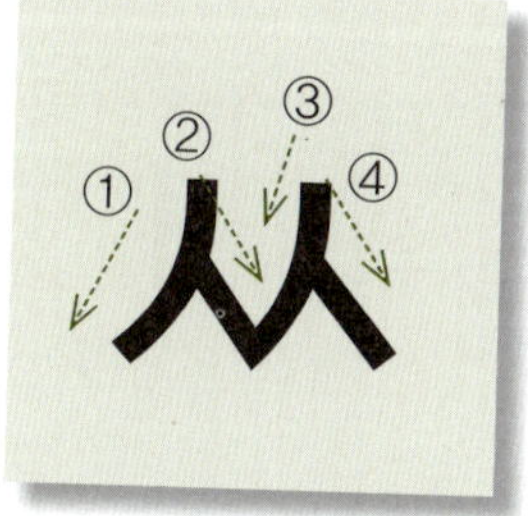

■ **자음자를 쓰세요.** 请临摹下列子音。

ㄲ	tensed [g]	ㄱ	ㄲ					
ㄸ	tensed [d]	ㄷ	ㄷ	ㄷ	ㄸ			
ㅃ	tensed [b]	ㅣ	ㅐ	ㅐ	ㅂ	ㅂ	ㅃ	ㅃ
ㅆ	tensed [s]	ㅅ	ㅅ	ㅆ	ㅆ			
ㅉ	tensed [j]	ㄱ	ㅈ	ㅉ	ㅉ			

■ **자음자와 모음자를 함께 쓰세요.** 请将下列子音和母音组合书写。

	ㅏ	ㅓ	ㅗ	ㅜ	ㅡ	ㅣ	ㅐ	ㅔ
ㄲ	까			꾸				
ㄸ		떠					때	
ㅃ			뽀			삐		
ㅆ				쑤				
ㅉ				쭈				쩨

 듣고 맞는 것을 고르세요.  Track 57
听录音，选出正确的选项。

(1) ① 고　② 꼬　　(2) ① 두　② 뚜

(3) ① 배　② 빼　　(4) ① 사　② 싸

(5) ① 까　② 카　　(6) ① 또　② 토

(7) ① 뿌　② 푸　　(8) ① 찌　② 치

 듣고 맞는 자음자를 골라 쓰세요.  Track 58
听录音，选出正确的子音并填空。

(1) ㅣ　(ㄱ, ㅋ, ㄲ)　　(2) ㅐ　(ㄷ, ㅌ, ㄸ)

(3) ㅜ　(ㅂ, ㅍ, ㅃ)　　(4) ㅏ　(ㅈ, ㅊ, ㅉ)

(5) ㅜ　(ㅅ, ㅆ)

 듣고 음절을 쓰세요.  Track 59
听录音，写出相应的音节。

(1) ☐ → ☐ → ☐

(2) ☐ → ☐ → ☐

(3) ☐ → ☐ → ☐

	아빠		어깨
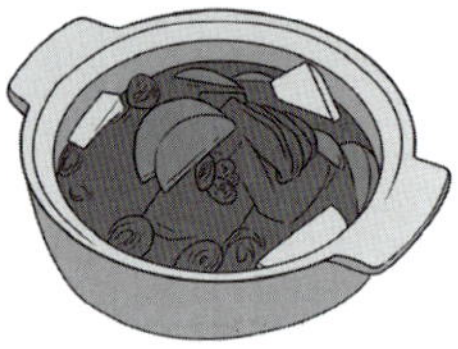	찌개		토끼
	쓰레기		떡
	빵		땀
	싸요		비싸요

 듣고 맞는 것을 고르세요.  Track 60

听录音并圈出相应的单词。

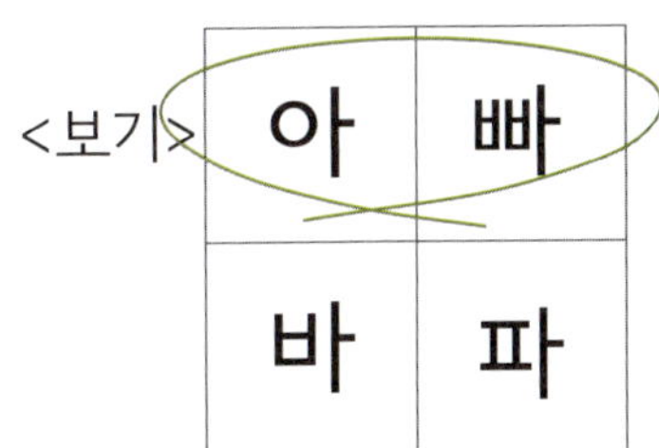

<보기>

아	빠
바	파

(1)

도	기
키	끼

(2)

다	따
타	라

(3)

치	지
도	찌

(4)

싸	짜
사	요

(5)

빠	바
파	도

练习5 듣고 맞는 것을 고르세요.  Track 61

听录音，选出正确的选项。

(1) ① 불   ② 풀   ③ 뿔

(2) ① 방   ② 팡   ③ 빵

(3) ① 달   ② 탈   ③ 딸

(4) ① 공   ② 콩   ③ 꽁

(5) ① 간   ② 깐   ③ 칸

(6) ① 죽   ② 축   ③ 쭉

(7) ① 살   ② 쌀   ③ 잘

듣고 글자를 쓰세요.  Track 62

听录音，写出正确的单词。

(1) 　　 (2) 　

(3) 　　 (4) 　

(5) 　　 (6) 　

活动1　듣고 맞는 것을 고르세요.

听录音，选出正确的选项。

가	싸	부	또
푸	도	피	찌
치	비	카	지
토	까	뿌	사

(1) 아래의 단어를 빈칸에 자유롭게 쓰세요.
请将下列单词随机填入方框中。

(2) 친구가 단어를 읽으면 들은 단어에 표시하세요.
按照朋友的朗读顺序, 圈出相应的单词。

(3) 가로, 세로, 대각선으로 이어진 선 4개를 먼저 만들면 '빙고'를 외치세요.
首先在横、竖、对角线方向连出四条线的人胜出。

아빠	오빠	어깨	찌개	토끼	
쓰레기	짜장면	떡	빵	땀	
짜요	싸요	비싸요	예뻐요	써요	뜨거워요

文字	名字	文字	名字	文字	名字
ㄲ	쌍기역	ㅃ	쌍비읍	ㅉ	쌍지읒
ㄸ	쌍디귿	ㅆ	쌍시옷		

*'쌍' 是"双"的意思, 是在单子音的基础上发展而来的。

自测

(1) 나는 자음자 'ㄲ ㄸ ㅃ ㅆ ㅉ'을 순서에 맞게 쓸 수 있습니다.
我可以按顺序正确写出子音字母"ㄲ ㄸ ㅃ ㅆ ㅉ"。

不是 ⬚⬚⬚⬚⬚ 是

(2) 나는 자음자 'ㄲ ㄸ ㅃ ㅆ ㅉ'을 모음자 및 받침과 함께 위치에 맞게 쓸 수 있습니다.
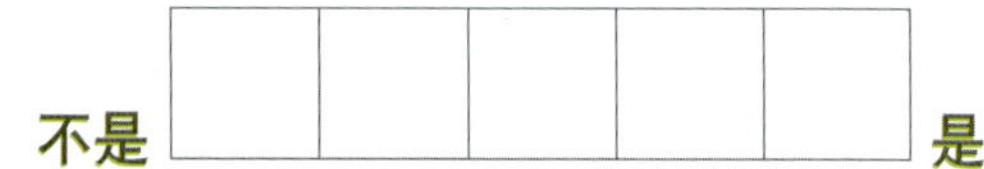
我可以正确拼写含有"ㄲ ㄸ ㅃ ㅆ ㅉ"这些子音与母音及收音的字。

不是 ⬚⬚⬚⬚⬚ 是

(3) 나는 자음자 'ㄲ ㄸ ㅃ ㅆ ㅉ'이 포함된 단어를 읽을 수 있습니다.

我可以读出含有子音字母"ㄲ ㄸ ㅃ ㅆ ㅉ"的单词。

不是 ⬚⬚⬚⬚⬚ 是

(4) 나는 'ㄱ ㄷ ㅂ ㅅ ㅈ', 'ㅋ ㅌ ㅍ ㅊ', 'ㄲ ㄸ ㅃ ㅆ ㅉ'의 차이를 인식하고 구별해서 발음할 수 있습니다.
我可以区分"ㄱ ㄷ ㅂ ㅅ ㅈ"、"ㅋ ㅌ ㅍ ㅊ"及"ㄲ ㄸ ㅃ ㅆ ㅉ"。

不是 ⬚⬚⬚⬚⬚ 是

附录1 한글 자모 발음 韩文子音字母

ㅏ	ㅓ	ㅗ	ㅜ	ㅡ	ㅣ	ㅐ	ㅔ
[a]	[eo]	[o]	[u]	[eu]	[i]	[e]	[e]
ㅑ	ㅕ	ㅛ	ㅠ			ㅒ	ㅖ
[ya]	[yeo]	[yo]	[yu]			[ye]	[ye]
ㅘ	ㅝ	ㅙ	ㅞ	ㅚ	ㅟ	ㅢ	
[wa]	[wo]	[we]	[we]	[we]	[wi]	[ui]	
ㅁ	ㄴ	ㄹ			ㅇ		
[m]	[n]	[r] [l]			[ø] [ng]		
ㅂ	ㄷ		ㅅ	ㅈ	ㄱ		
[b] [p]	[d] [t]		[s/sh] [t]	[j] [t]	[g] [k]		
ㅍ	ㅌ			ㅊ	ㅋ	ㅎ	
[p]	[t]			[ch] [t]	[k]	[h] [t]	
ㅃ	ㄸ		ㅆ	ㅉ	ㄲ		
tensed [b]	tensed [d]		tensed [s] [t]	tensed [j]	tensed [g] [k]		

*'ㄱ, ㄷ, ㅂ, ㅈ'이 음절의 첫소리일 때는 부드러운(약한) [k, t, p, ch]와 비슷하게 발음됩니다.
"ㄱ ㄷ ㅂ ㅈ"做第一个音节的时候，和[k, t, p, ch]的读音相似，读轻声。

*'ㄱ, ㄷ, ㅂ, ㅅ, ㅈ, ㅊ, ㅋ, ㅌ, ㅍ, ㅎ, ㅆ, ㄲ'은 음절의 처음과 끝에서 다르게 발음됩니다.
"ㄱ, ㄷ, ㅂ, ㅅ, ㅈ, ㅊ, ㅋ, ㅌ, ㅍ, ㅎ, ㅆ, ㄲ"放在第一个音节和收音时的发音不同。

*'ㄸ, ㅃ, ㅉ'은 받침으로 사용되지 않습니다. 不存在"ㄸ ㅃ ㅉ"这样的收音。

■ **듣고 글자를 쓰세요.** 听录音并写出下列单词。  Track 63

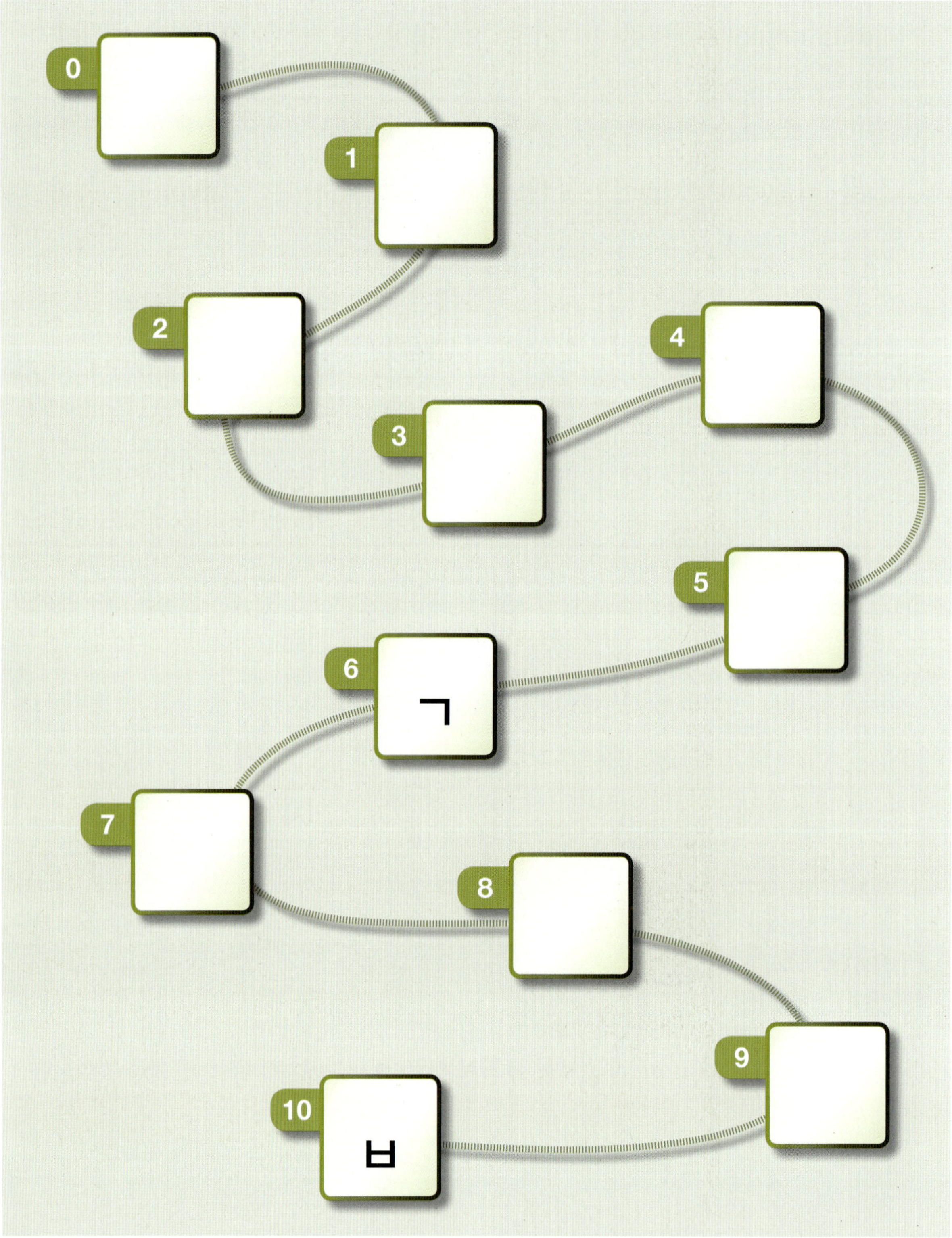

0

1

2

3

4

5

6　ㄱ

7

8

9

10　ㅂ

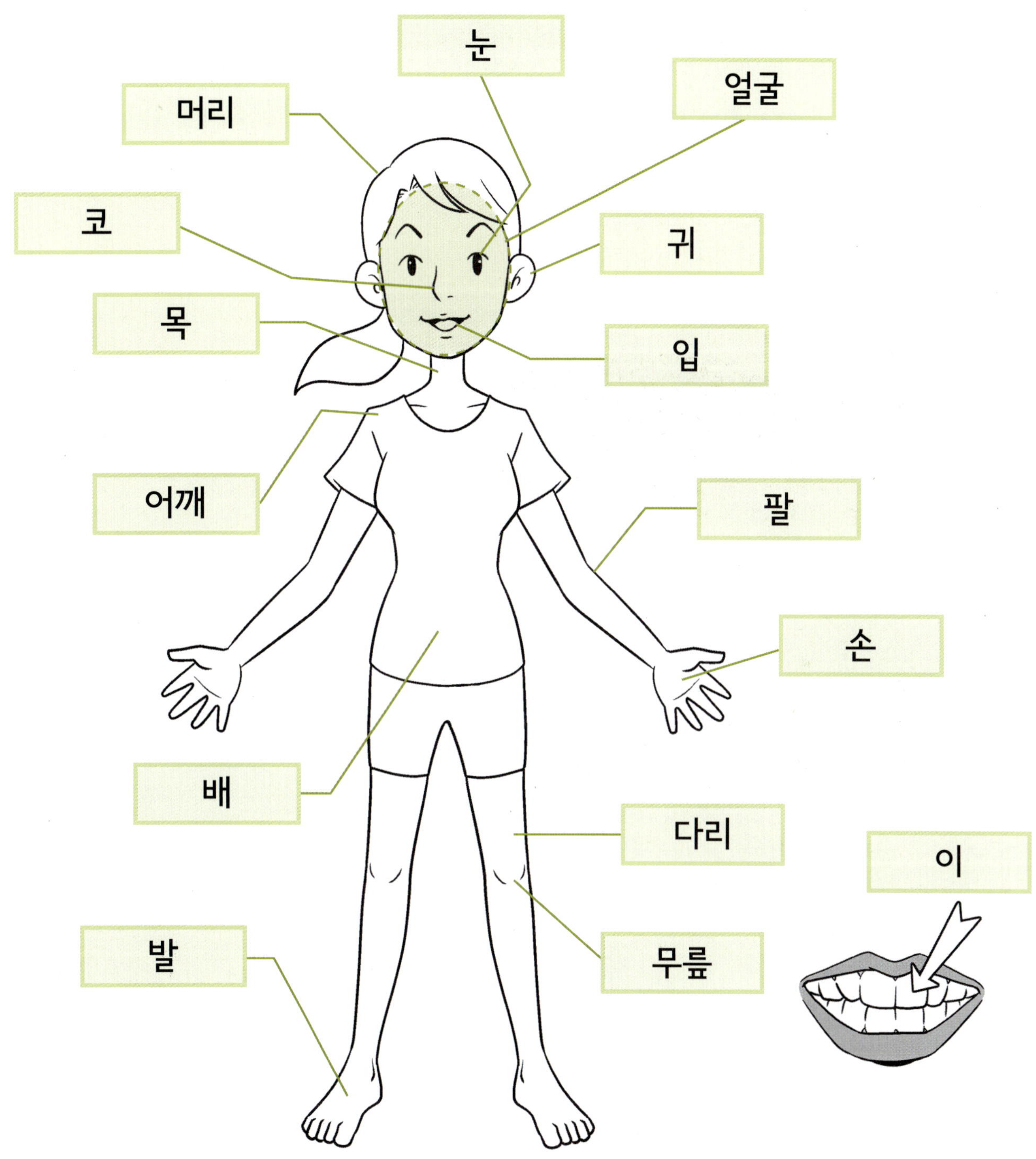
눈
얼굴
머리
코
귀
목
입
어깨
팔
손
배
다리
이
무릎
발

(1) 팀을 나누고 한 명씩 돌아가며 81페이지 그림의 단어를 보세요.

分组并依次朗读81页上的身体部位名称。

(2) 10초 동안 단어를 보고 기억해서 빈칸에 쓰세요.

看单词10秒, 记住单词并填空。

(3) 정해진 시간 동안 많은 단어를 정확하게 쓴 팀이 이겨요.

在一定的时间内, 写出单词最多的组获胜。

附录4 한국 음식 韩国饮食

■ 듣고 음식과 가격을 연결하세요. 听录音，将饮食的名称和价格连线。 Track 64

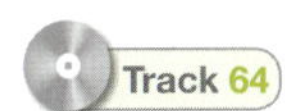

Q: 얼마예요?

A: __________ 원이에요.

[워니에요]

받침 뒤에 모음이 오면 받침은 다음 음절의 첫소리가 됩니다.

含有收音的字后面一个字的第一个音节为母音时，将收音移到下一个字上作为第一音节发音。

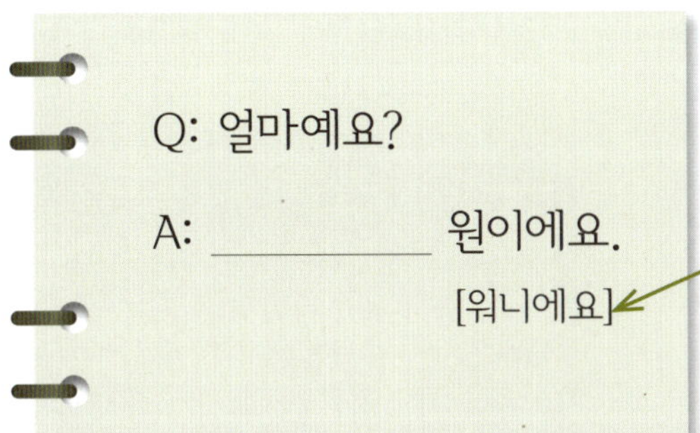

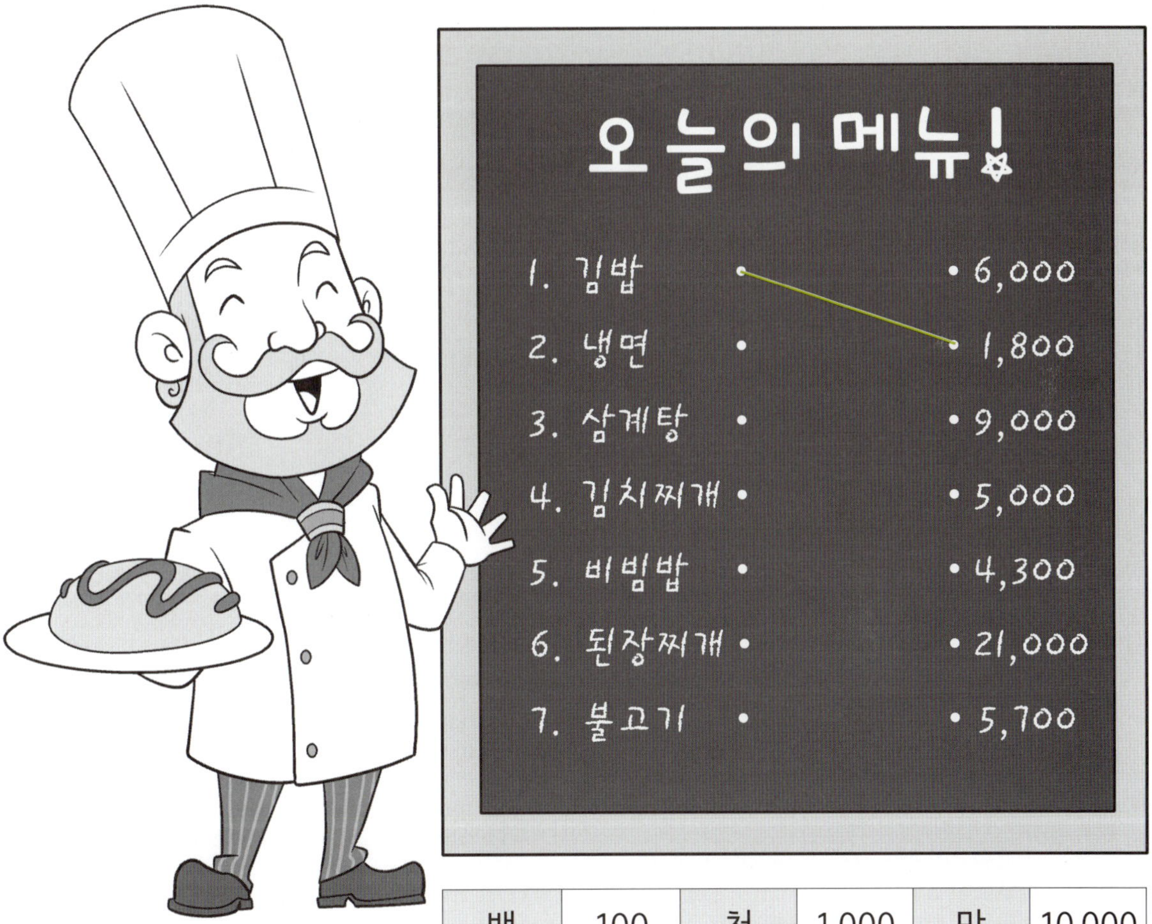

백	100	천	1,000	만	10,000

■ 그림을 보고 다음과 같이 질문하고 대답하세요. 친구의 대답을 듣고 단어가 있으면 '네', 없으면 '아니요'에 ✓표시하세요.

看图, 按照下列方式提问并回答。听朋友的回答, 出现相应的单词时标示 "네", 没有时标示 "아니요"。

Q: _________ 있어요?

A: ① 네, 있어요.

② 아니요, 없어요.

겹받침 뒤에 모음이 오면 오른쪽의 받침이 다음 음절의 첫소리가 됩니다.

复合收音的后面是母音的话, 需将复合收音右边的读音放在下一个字母音的位置上作为第一音节发音。

words	answer		words	answer	
가방	☐ 네　☐ 아니요		필통	☐ 네　☐ 아니요	
책	☐ 네　☐ 아니요		볼펜	☐ 네　☐ 아니요	
안경	☐ 네　☐ 아니요		지갑	☐ 네　☐ 아니요	
공책	☐ 네　☐ 아니요		지우개	☐ 네　☐ 아니요	
연필	☐ 네　☐ 아니요		모자	☐ 네　☐ 아니요	
시계	☐ 네　☐ 아니요		수첩	☐ 네　☐ 아니요	
휴대 전화	☐ 네　☐ 아니요		열쇠	☐ 네　☐ 아니요	

- 그림을 보고 다음과 같이 질문하고 대답하세요. 친구의 대답을 듣고 단어가 있으면 '네', 없으면 '아니요'에 ✓표시하세요.

看图，按照下列方式提问并回答。听朋友的回答，出现相应的单词时标示 "네"，没有时标示 "아니요"。

Q: __________ 있어요?

A: ① 네, 있어요.
   ② 아니요, 없어요.

겹받침 뒤에 모음이 오면 오른쪽의 받침이 다음 음절의 첫소리가 됩니다.

复合收音的后面是母音的话，需将复合收音右边的读音放在下一个字母音的位置上作为第一音节发音。

words	answer		words	answer	
가방	☐ 네	☐ 아니요	필통	☐ 네	☐ 아니요
책	☐ 네	☐ 아니요	볼펜	☐ 네	☐ 아니요
안경	☐ 네	☐ 아니요	지갑	☐ 네	☐ 아니요
공책	☐ 네	☐ 아니요	지우개	☐ 네	☐ 아니요
연필	☐ 네	☐ 아니요	모자	☐ 네	☐ 아니요
시계	☐ 네	☐ 아니요	수첩	☐ 네	☐ 아니요
휴대 전화	☐ 네	☐ 아니요	열쇠	☐ 네	☐ 아니요

ㄱ 가 ga				
각 gak	간 gan	갈 gal	감 gam	갑 gap
갓 gat	강 gang	개 gae	객 gaek	거 geo
건 geon	걸 geol	검 geom	겁 geop	게 ge
겨 gyeo	격 gyeok	견 gyeon	결 gyeol	겸 gyeom
겹 gyeop	경 gyeong	계 gye	고 go	곡 gok
곤 gon	골 gol	곳 got	공 gong	곶 got
과 gwa	곽 gwak	관 gwan	괄 gwal	광 gwang
괘 gwae	괴 goe	굉 goeng	교 gyo	구 gu
국 guk	군 gun	굴 gul	굿 gut	궁 gung
권 gwon	궐 gwol	귀 gwi	규 gyu	균 gyun
귤 gyul	그 geu	극 geuk	근 geun	글 geul
금 geum	급 geup	긍 geung	기 gi	긴 gin
길 gil	김 gim	까 kka	깨 kkae	꼬 kko
꼭 kkok	꽃 kkot	꾀 kkoe	꾸 kku	꿈 kkum
끝 kkeut	끼 kki			

ㄴ 나 na				
낙 nak	난 nan	날 nal	남 nam	납 nap
낭 nang	내 nae	냉 naeng	너 neo	널 neol
네 ne	녀 nyeo	녁 nyeok	년 nyeon	념 nyeom
녕 nyeong	노 no	녹 nok	논 non	놀 nol
농 nong	뇌 noe	누 nu	눈 nun	눌 nul
느 neu	늑 neuk	늠 neum	능 neung	니 ni
닉 nik	닌 nin	닐 nil	님 nim	

ㄷ 다 da				
단 dan	달 dal	담 dam	답 dap	당 dang
대 dae	댁 daek	더 deo	덕 deok	도 do
독 dok	돈 don	돌 dol	동 dong	돼 dwae
되 doe	된 doen	두 du	둑 duk	둔 dun
뒤 dwi	드 deu	득 deuk	들 deul	등 deung
디 di	따 tta	땅 ttang	때 ttae	또 tto
뚜 ttu	뚝 ttuk	뜨 tteu	띠 tti	

ㄹ 라 ra				
락 rak	란 ran	람 ram	랑 rang	래 rae
랭 raeng	량 ryang	렁 reong	레 re	려 ryeo
력 ryeok	련 ryeon	렬 ryeol	렴 ryeom	렵 ryeop
령 ryeong	례 rye	로 ro	록 rok	론 ron
롱 rong	뢰 roe	료 ryo	룡 ryong	루 ru
류 ryu	륙 ryuk	륜 ryun	률 ryul	륭 ryung
르 reu	륵 reuk	른 reun	름 reum	릉 reung
리 ri	린 rin	림 rim	립 rip	

ㅁ 마 ma				
막 mak	만 man	말 mal	망 mang	매 mae
맥 maek	맨 maen	맹 maeng	머 meo	먹 meok
메 me	며 myeo	멱 myeok	면 myeon	멸 myeol
명 myeong	모 mo	목 mok	몰 mol	못 mot
몽 mong	뫼 moe	묘 myo	무 mu	묵 muk
문 mun	물 mul	므 meu	미 mi	민 min
밀 mil				

ㅂ 바 ba				
박 bak	반 ban	발 bal	밥 bap	방 bang
배 bae	백 baek	뱀 baem	버 beo	번 beon
벌 beol	범 beom	법 beop	벼 byeo	벽 byeok
변 byeon	별 byeol	병 byeong	보 bo	복 bok
본 bon	봉 bong	부 bu	북 buk	분 bun
불 bul	붕 bung	비 bi	빈 bin	빌 bil
빔 bim	빙 bing	빠 ppa	빼 ppae	뻐 ppeo
뽀 ppo	뿌 ppu	쁘 ppeu	삐 ppi	

ㅅ 사 sa				
삭 sak	산 san	살 sal	삼 sam	삽 sap
상 sang	샅 sat	새 sae	색 saek	생 saeng
서 seo	석 seok	선 seon	설 seol	섬 seom
섭 seop	성 seong	세 se	셔 syeo	소 so
속 sok	손 son	솔 sol	솟 sot	송 song
쇄 swae	쇠 soe	수 su	숙 suk	순 sun
술 sul	숨 sum	숭 sung	쉬 swi	스 seu
슬 seul	슴 seum	습 seup	승 seung	시 si
식 sik	신 sin	실 sil	심 sim	십 sip
싱 sing	싸 ssa	쌍 ssang	쌔 ssae	쏘 sso
쑥 ssuk	씨 ssi			

ㅇ 아 a				
악 ak	안 an	알 al	암 am	압 ap
앙 ang	앞 ap	애 ae	액 aek	앵 aeng
야 ya	약 yak	얀 yan	양 yang	어 eo
억 eok	언 eon	얼 eol	엄 eom	업 eop
에 e	여 yeo	역 yeok	연 yeon	열 yeol
염 yeom	엽 yeop	영 yeong	예 ye	오 o
옥 ok	온 on	올 ol	옴 om	옹 ong
와 wa	완 wan	왈 wal	왕 wang	왜 wae
외 oe	왼 oen	요 yo	욕 yok	용 yong
우 u	욱 uk	운 un	울 ul	움 um
웅 ung	워 wo	원 won	월 wol	위 wi
유 yu	육 yuk	윤 yun	율 yul	융 yung
윷 yut	으 eu	은 eun	을 eul	음 eum
읍 eup	응 eung	의 ui	이 i	익 ik
인 in	일 il	임 im	입 ip	잉 ing

ㅈ 자 ja				
작 jak	잔 jan	잠 jam	잡 jap	장 jang
재 jae	쟁 jaeng	저 jeo	적 jeok	전 jeon
절 jeol	점 jeom	접 jeop	정 jeong	제 je
조 jo	족 jok	존 jon	졸 jol	종 jong
좌 jwa	죄 joe	주 ju	죽 juk	준 jun
줄 jul	중 jung	쥐 jwi	즈 jeu	즉 jeuk
즐 jeul	즘 jeum	즙 jeup	증 jeung	지 ji
직 jik	진 jin	질 jil	짐 jim	집 jip
징 jing	짜 jja	째 jjae	쪼 jjo	찌 jji

ㅊ 차 cha				
착 chak	찬 chan	찰 chal	참 cham	창 chang
채 chae	책 chaek	처 cheo	척 cheok	천 cheon
철 cheol	첨 cheom	첩 cheop	청 cheong	체 che
초 cho	촉 chok	촌 chon	총 chong	최 choe
추 chu	축 chuk	춘 chun	출 chul	춤 chum
충 chung	측 cheuk	층 cheung	치 chi	칙 chik
친 chin	칠 chil	침 chim	칩 chip	칭 ching

ㅋ 카 ka				
코 ko	쾌 kwae	크 keu	큰 keun	키 ki

ㅌ 타 ta				
탁 tak	탄 tan	탈 tal	탐 tam	탑 tap
탕 tang	태 tae	택 taek	탱 taeng	터 teo
테 te	토 to	톤 ton	톨 tol	통 tong
퇴 toe	투 tu	퉁 tung	튀 twi	트 teu
특 teuk	틈 teum	티 ti		

ㅍ 파 pa				
판 pan	팔 pal	패 pae	팽 paeng	퍼 peo
페 pe	펴 pyeo	편 pyeon	폄 pyeom	평 pyeong
폐 pye	포 po	폭 pok	표 pyo	푸 pu
품 pum	풍 pung	프 peu	피 pi	픽 pik
필 pil	핍 pip			

ㅎ 하 ha				
학 hak	한 han	할 hal	함 ham	합 hap
항 hang	해 hae	핵 haek	행 haeng	향 hyang
허 heo	헌 heon	험 heom	헤 he	혀 hyeo
혁 hyeok	현 hyeon	혈 hyeol	혐 hyeom	협 hyeop
형 hyeong	혜 hye	호 ho	혹 hok	혼 hon
홀 hol	흡 hop	홍 hong	화 hwa	확 hwak
환 hwan	활 hwal	황 hwang	홰 hwae	횃 hwaet
회 hoe	획 hoek	횡 hoeng	효 hyo	후 hu
훈 hun	훤 hwon	훼 hwe	휘 hwi	휴 hyu
휼 hyul	흉 hyung	흐 heu	흑 heuk	흔 heun
흘 heul	흠 heum	흡 heup	흥 heung	힘 him
히 hi				

1과 (1) 모음자 1 母音1

p. 11 练习1

(1) ① 아   (2) ② 이   (3) ① 어
(4) ① 오   (5) ② 우   (6) ① 애

练习2

(1) 애 → 으 → 아   (2) 우 → 오 → 어   (3) 으 → 이 → 오

p. 12 练习3

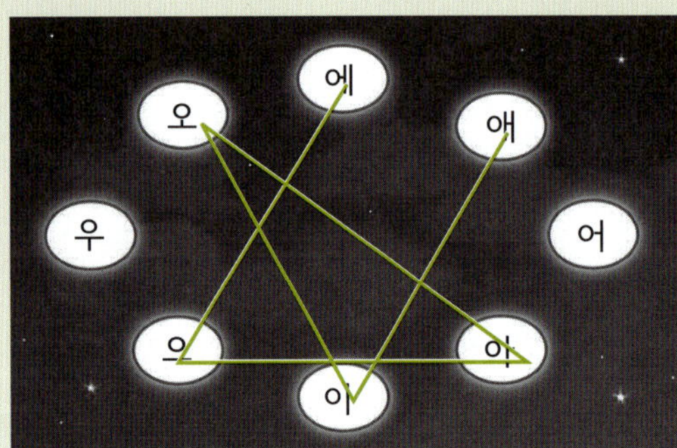

p. 13 练习4

(1) ② 어이   (2) ① 우아   (3) ① 으이
(4) ② 우애   (5) ① 에이   (6) ② 오우
(7) ① 이오   (8) ② 오어

p. 14 练习5

(1) 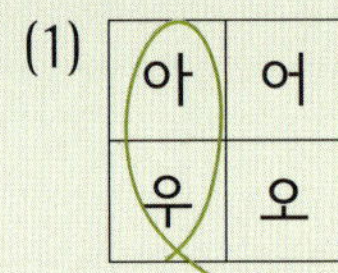

(2) 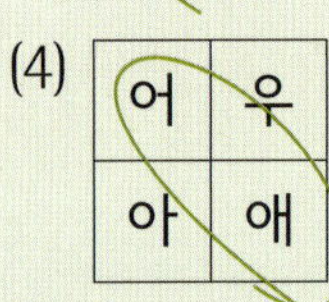

(3) 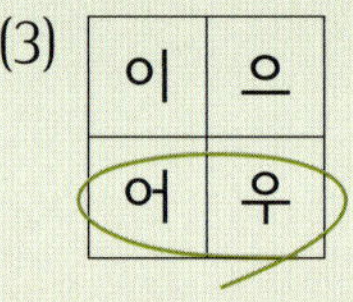

(4) 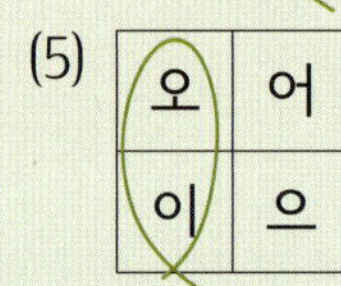

练习6

(1) 아이 (2) 오어 (3) 우아
(4) 으이 (5) 이오 (6) 우어

p. 16 **复习1**

1. 아, 어, 이, 애, 에 / 오, 우, 으 / 오이, 아이, 에이

2. (1) ② 이 (2) ② 우 (3) ① 오
(4) ② 어 (5) ② 어이 (6) ① 우애
(7) ① 오우 (8) ② 이으

3. (1) 이우 (2) 어아 (3) 으이
(4) 우오

1과 (2) 자음자 1 子音1

p. 21 **练习1**

(1) ① 나 (2) ② 모 (3) ② 버
(4) ② 시 (5) ① 고 (6) ① 대
(7) ② 부 (8) ② 지

练习2

(1) 가 (2) 소 (3) 내
(4) 러 (5) 무 (6) 기

练习3

(1) 구 → 누 → 노 → 도 (2) 디 → 리 → 러 → 버 (3) 스 → 시 → 지 → 기

p. 23 **练习4**

(1) ① 나무 (2) ② 지도 (3) ② 고수
(4) ① 도로 (5) ① 부모

练习5

(1) 비누 (2) 아버지 (3) 다리
(4) 고구마 (5) 세배 (6) 사거리
(7) 버스 (8) 라디오

(1) 주스　　　(2) 지도　　　(3) 가구
(4) 바나나　　(5) 머리　　　(6) 소고기

p. 26 复习2

1. 가 나 다 라 마 바 사 아 자 / 구 누 두 루 무 부 수 우 주
기 니 디 리 미 비 시 이 지 / 개 내 대 래 매 배 새 애 재

2. (1) ① 구　　　(2) ② 버　　　(3) ① 새
(4) ① 도　　　(5) ② 너무　　(6) ② 수비
(7) ② 두고　　(8) ① 조리

3. (1) 도구　　　(2) 마리　　　(3) 너비
(4) 소주

2과 (1) 이중모음자 1 复合母音1

p. 30 练习1

(1) ① 우　　　(2) ① 애　　　(3) ② 여
(4) ① 요　　　(5) ② 료　　　(6) ① 슈

练习2

(1) 머　　　(2) 고　　　(3) 애
(4) 셔　　　(5) 류　　　(6) 묘

练习3

(1) 아 → 야 → 어 → 여　　(2) 고 → 교 → 구 → 규　　(3) 벼 → 뷰 → 묘 → 며

p. 32 练习4

(1) 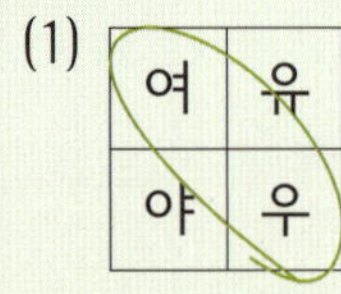

(2) 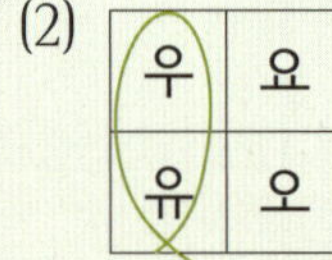

(3) 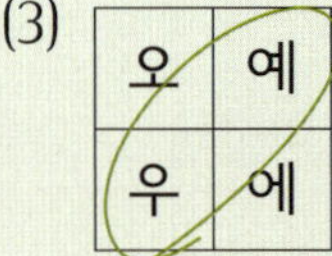

练习5

(1) 여우   (2) 야자   (3) 서류

(4) 교수   (5) 자유   (6) 메뉴

(7) 얘기   (8) 시계

p. 33 练习6

(1) 우유   (2) 야수   (3) 요리

(4) 뉴스   (5) 겨자

活动1

(1) 에이   (2) 규수   (3) 유리

(4) 여자   (5) 서류   (6) 야유

p. 36 复习3

1. 아 어 오 우 애 에 / 야 여 요 유 얘 예 / 아야 여우 야유 이유 우유 여유
   교수 뉴스 메뉴 시계 서류 겨자

2. (1) ② 여   (2) ② 유   (3) ② 요

   (4) ① 얘   (5) ① 며   (6) ① 샤

   (7) ② 규수   (8) ② 고료

3. (1) 유아   (2) 야구   (3) 요리

   (4) 여자

2과 (2) 자음자 2 子音2

p. 40 练习1

(1) ② 카   (2) ② 토   (3) ① 부

(4) ① 지   (5) ② 해

练习2

(1) 다   (2) 초   (3) 퍼

(4) 구

练习3

(1) 코 → 커

(2) 푸 → 피

(3) 차 → 추

(4) 호 → 히

(5) 타 → 터

p. 42 **练习4**

(1) ② 오해

(2) ① 기자

(3) ① 쿠키

(4) ① 부패

(5) ② 도보

练习5

(1) 우표

(2) 하마

(3) 노트

(4) 파도

(5) 처마

(6) 코피

p. 43 **活动1**

코피 → 우이 → 보모 → 도포 → 유자 → 지도 → 기차 → 치다 → 토기: 마

p. 46 **复习4**

1. 가 다 바 자 / 카 타 파 차 하 / 구 두 부 주 / 쿠 투 푸 추 후

2. (1) ② 코

(2) ① 두

(3) ② 피

(4) ② 차

(5) ① 주자

(6) ② 기타

(7) ① 포도

(8) ① 가구

3. (1) 기초

(2) 투구

(3) 파티

(4) 쿠키

3과	받침 1 尾音1

p. 50 **练习1**

(1) ② 암

(2) ② 엉

(3) ① 율

(4) ② 은

(5) ② 옴

(6) ① 일

练习2

(1) 농

(2) 탈

(3) 춘

(4) 별

(5) 점

(6) 긴

练习3

(1) 운 → 움 → 울 → 웅   (2) 온 → 암 → 일 → 응   (3) 눈 → 몸 → 술 → 강

3과　받침 2 尾音2

p. 55 练习4

(1) ① 집   (2) ① 공   (3) ② 물
(4) ② 책   (5) ① 낮   (6) ② 숯
(7) ② 득   (8) ① 밥

练习5

(1) 언   (2) 놈   (3) 숲
(4) 벽   (5) 짓   (6) 독

练习6

(1) 앞 → 앗 → 악   (2) 궂 → 국 → 굽

p. 57 练习7

(1) ① 공책   (2) ② 안경   (3) ② 한국
(4) ① 지갑   (5) ① 음식

练习8

(1) 저녁   (2) 한글   (3) 동전
(4) 콩팥   (5) 밤낮   (6) 필통

p. 60 复习5

1. 안 암 알 앙 / 악 악 / 압 앞 / 앝 앝 앗 앚 앛 앟

2. (1) ② 돈   (2) ② 궁   (3) ① 밥
　(4) ① 섬   (5) ① 물   (6) ② 갓
　(7) ② 벽   (8) ① 낮

3. (1) 수박　　　　　　　(2) 연필　　　　　　　(3) 팝콘
　　(4) 음식

이중모음자 2 复合母音2

p. 66 练习1

(1) ② 와　　　　　　　(2) ② 위　　　　　　　(3) ① 우어
(4) ① 으이　　　　　　(5) ② 워　　　　　　　(6) ② 외
(7) ② 웨　　　　　　　(8) ① 의

练习2

(1) 시　　　　　　　　(2) 봐　　　　　　　　(3) 돼
(4) 뭐　　　　　　　　(5) 쥐　　　　　　　　(6) 궤

练习3

(1) 와 → 워 → 의　　　(2) 쉬 → 쥐 → 좌　　　(3) 과 → 궈 → 춰

p. 68 练习4

(1) 의도　　　　　　　(2) 사위　　　　　　　(3) 과자
(4) 원장　　　　　　　(5) 돼지　　　　　　　(6) 쉬세요
(7) 회사　　　　　　　(8) 매워요

练习5

(1) 의사　　　　　　　(2) 과일　　　　　　　(3) 키위
(4) 공원　　　　　　　(5) 영화　　　　　　　(6) 추워요

p. 69 活动1

(1) 회사　　　　　　　(2) 귀　　　　　　　　(3) 추워요
(4) 강건　　　　　　　(5) 의사　　　　　　　(6) 위
(7) 도와요　　　　　　(8) 외국

p. 70 复习6

1. 와 워 위 왜 웨 외 의 / 의자 가위 더워요

2. (1) ② 웨   (2) ② 워   (3) ① 의
(4) ② 외   (5) ② 궈   (6) ① 쉬
(7) ① 봐   (8) ② 죄

3. (1) 사과   (2) 거위   (3) 병원
(4) 화장

4과 (2) 자음자 3 子音3

p. 73 练习1

(1) ① 고   (2) ② 뚜   (3) ② 빼
(4) ① 사   (5) ① 까   (6) ① 또
(7) ② 푸   (8) ② 치

练习2

(1) 키   (2) 대   (3) 뿌
(4) 차   (5) 쑤

练习3

(1) 구 → 쿠 → 꾸   (2) 파 → 빠 → 바   (3) 초 → 조 → 쪼

p. 75 练习4

(1) 도ㅣ기 / 키ㅣ끼 (도기)
(2) 다ㅣ따 / 타ㅣ라 (따라)
(3) 치ㅣ지 / 도ㅣ찌 (치지도)
(4) 싸ㅣ짜 / 사ㅣ요 (싸자)
(5) 빠ㅣ바 / 파ㅣ도 (파도)

练习5

(1) ② 풀   (2) ③ 빵   (3) ③ 딸
(4) ① 공   (5) ③ 칸   (6) ③ 쭉
(7) ① 살

p. 76 **练习6**

  (1) 오빠   (2) 뼈   (3) 써요

  (4) 꿈   (5) 진짜   (6) 머리띠

p. 80 **附录2** 숫자 数字

공 일 이 삼 사 오 육 칠 팔 구 십

p. 83 **附录4** 한국 음식 韩国饮食

  (1) 천팔백 원이에요.   (2) 육천 원이에요.   (3) 구천 원이에요.

  (4) 사천삼백 원이에요.   (5) 오천칠백 원이에요.   (6) 오천 원이에요.

  (7) 이만 천 원이에요.

열린
한국어
入门

열린
한국어
入门

열린
한국어
入门

천성옥

이화여자대학교 국제대학원 한국학과 한국어교육 석사
인덕대학교 국제어학원 한국어 강사
한국국제교류재단 문화센터 한국어교실 팀장

김윤진

한양대학교 교육대학원 외국인을 위한 한국어교육 석사
한국국제교류재단 문화센터 한국어교실 교사
현 한양대학교 국제교육원 교육원 교수

정미진

가톨릭대학교 한국어교육학과 박사 과정
가톨릭대학교 한국어교육센터 결혼이민자 한국어교실 교사
한국국제교류재단 문화센터 한국어교실 교사

이순정

경희대학교 교육대학원 외국어로서의 한국어교육 석사
건국대학교 언어교육원 한국어강사
한국국제교류재단 문화센터 한국어교실 교사

여윤희

서울대학교 국어교육과 한국어교육 석사 수료
국민대학교 국제교육원 한국어 강사
한국국제교류재단 문화센터 한국어교실 교사

최진옥

한국외국어대학교 국제지역대학원 한국학과 박사 수료
전 한국국제교류재단 문화센터 한국어교실 교사
칠레 산티아고 세종학당 운영

박성혜

한국방송통신대학교 영문학과 졸업
한국방송통신대학교 한국어교원양성과정 이수 (한국어교원 3급)
한국국제교류재단 문화센터 한국어교실 교사

신아랑

한성대학교 한국어문학과 한국어교육 박사과정
전 한성대학교 언어교육원 한국어 강사
전 한국국제교류재단 문화센터 한국어교실 교사

황후영

이화여자대학교 국제대학원 한국학과 한국어교육 석사
한림대학교 국제교육원 한국어 강사
한국국제교류재단 문화센터 한국어교실 교사